헬스케어 분석을 위한
머신러닝

헬스케어 분석을 위한
머신러닝

파이썬, 주피터 노트북, 텐서플로,
케라스를 이용한 적용 사례

에듀오닉스 러닝 솔루션스 지음

고석범 옮김

i!i
에이콘

| 지은이 소개 |

에듀오닉스 러닝 솔루션스 Eduonix Learning Solutions

고품질의 과학 기술 훈련용 콘텐츠를 제작해 배포한다. 산업계 전문가들로 구성됐으며 10여 년 동안 경쟁력을 높여왔다. 산업계와 전문가 세계에서 통용되는 방식으로 기술을 교육하는 것을 추구하며 모빌리티, 웹, 데이터베이스, 서버 관리 등을 아우르는 기술 교육 전문 팀을 갖추고 있다.

고석범

가톨릭대학교 의과 대학을 졸업하고 서울성모병원에서 신경과 전문의 자격을 획득했다. 종합병원과 요양병원 등에서 봉직의로 근무했고, 시립 요양원 책임자를 맡기도 했다. 센터 관리자, 병원장 등의 행정 경험을 하면서 컴퓨터가 의료 현장의 여러 문제를 해결할 수 있음을 깨닫고 독학으로 컴퓨터를 공부하기 시작했다. 또한 시간을 쪼개 R 프로그래밍 언어와 헬스케어 관련 책들도 저술하고 번역했다. 액체생검 바이오 벤처에서 일했고, 지금은 의료 현장으로 돌아와 헬스케어 ICT를 통해 의료의 질과 효율을 향상시키는 데 기여하고자 노력 중이다.

| 옮긴이의 말 |

딥러닝, 머신러닝 등의 인공지능 기술이 삶의 문제를 해결하는 범용 기술general purpose technology로 떠오르면서 4차 산업혁명에서 가장 핵심적인 역할을 할 것으로 예측되고 있다. 따라서 인공지능 기술에 주목할 수밖에 없다.

이 책은 헬스케어 데이터를 사용한 머신러닝 사례를 소개한다. 헬스케어는 의료부터 건강 관리까지 아우르는 '건강한 삶'이라는 보편적인 목적이 있는 모든 사람에게 영향을 미치는 중요한 분야다. 의학은 꾸준히 발전하고 있다. 그러나 인간의 삶을 둘러싼 환경이 바뀌고 수명이 늘어나는 만큼 의학과 보건, 헬스케어가 해결해야 하는 과제도 늘고 있다. 일례로, 세계의 모든 나라는 증가하는 보건 의료 지출을 감당할 수 있는 수준에서 유지할 수 있도록 혼신의 노력을 기울이고 있다. 또한 코로나19는 보건 문제가 언제든 전 지구적인 문제로 떠오를 수 있음을 뼈아프게 알려주고 있다. 헬스케어 애널리틱스는 데이터 과학을 무기로 이런 문제들을 효율적으로 해결하려는 분야다.

나는 의사로서, 병원 책임자로서 전통적인 의료의 여러 문제를 경험했고, 불만족스런 환자, 가족, 직원의 얼굴을 기억하고 있다. 번아웃으로 지쳐 병원을 그만두는 직원들과 어려운 여건에서도 의학을 발전시키기 위해 열심히 환자를 보고 데이터를 정리하는 의사들을 봐왔으며, 자원을 절약하고 혁신을 통해 매출을 올려 더 나은 병원을 만들어 사회에 공헌하려는 혁신가들도 많이 봤다. 또한 혁신적인 기술을 통해 더 나은 진단, 치료법을 제공해 회사도 키우고 사회를 발전시키고자 하는 벤처 기업가들도 많이 만났다.

병원장으로 있을 때 컴퓨터를 처음 공부하기 시작했다. 기관의 책임자로서 병원의 생산성은 내게 가장 큰 과제였고, 직원들이 지치지 않고 일을 하면서도 높은 수익을 올릴 수 있는 방안이 무엇일까 하는 것이 가장 큰 관심사였다. 당시에는 뒤늦게 컴퓨터와 씨름하는 나를 주변에서 잘 이해해주질 않았다. 누군가 병원 차원에서 그 문제를 해결할 수 있는 다른 방법을 알려줬더라면 나도 그것에 매달렸을 것이다. 하지만 다른 방법은 없어 보였고, 지금도 그렇다고 본다.

슈퍼인텔리전스, 싱귤래러티^{singularity}, 인간 노동의 소외 같은 큰 논의를 제외하고서는 머신러닝을 비롯한 인공지능 기술이 의료에 중요한 이유를 들라고 하면 나는 세 가지를 꼽는다.

1. 자동화

2. 집단지성의 활용

3. 환자 맞춤형 치료

자동화란 기관 운영에 필요한 물류나 행정 처리의 자동화를 포함해서 자동화된 데이터의 수집, 처리를 통해 환자를 잘 보살필 수 있는 유용한 인사이트를 제공할 수 있는 자동화를 의미한다.

집단지성의 활용은 의료진이 학술지를 읽고 학회에 참가하는 등 현재까지의 경험을 바탕으로 형성한 지식뿐만 아니라 현재 병원의 모든 환자, 지역 사회의 모든 환자 그리고 의료진이 경험하는 데이터를 기반으로 의료 서비스가 전달되길 바란다는 뜻이다.

환자 맞춤형 치료는 용어 자체에 이미 많은 내용이 담겨 있다. 의학은 본디 귀납적 방법을 통해 발전하는 영역이다. 반면 환자 맞춤형 치료는 그것과 상반되게 일반 원칙을 막무가내로 적용하지 말고, 환자의 고유한 특성에 맞춘 하나의 특수한 상황으로 바라보고 치료하자는 것이다. 이런 모순된 상황에서 일반 원칙을 어기지 않으면서 특수한 상황에 대처하려면 환자에 관한 지능적인 접근이 필요하다.

이 책은 헬스케어 데이터를 다룬 한 사례에 불과하다. 또한 원서가 출간되고 나서 시간이 좀 지났기 때문에 원본 코드의 경우 최신의 파이썬 코드가 아니므로 원본의 의도를 살리면서 내용을 수정했고, 코드도 최신 코드로 모두 업데이트했다. 그렇더라도, 헬스케어 인공지능에 대한 책이 그리 많지 않은 상황에서 세상을 떠들썩하게 하는 인공지능에 대해 조금의 '감'이라도 전달하고자 하는 것이 이 책의 목적이다. 이미 출간된 『지능 기반 의료를 위한 헬스케어 애널리틱스』(에이콘, 2021)도 같은 의도로 번역했다.

두 책을 번역하면서 파이썬 프로그래밍 언어, 딥러닝, 텐서플로와 케라스에 대한 기초 지식을 갖고 있어야 할 것 같다는 생각이 들었다. 또한 보건 의료 분야의 학생과 현업 종사자들이 데이터 과학에 입문하도록 돕는 안내서가 있으면 좋겠다는 생각도 했다. 그래서 파이썬 데이터 과학을 시작할 수 있도록 데이터 분석 플랫폼을 구성하는 방법을 이 책의 부록으로 추가해 넣었다. 특히 주피터 노트북과 코드 에디터를 잘 활용할 수 있는데 중점을 뒀다. 그럼에도 아쉽게 미처 다루지 못한 내용이 많으므로, 머신러닝에 대한 기초 지식은 다음과 같은 책을 참고하길 바란다.

- 파이썬 데이터 과학: 『파이썬 라이브러리를 활용한 데이터 분석 2/e』(한빛미디어, 2019)
- 딥러닝: 『Deep Learning』(Andrew Glassner, No Starch Press, 021)
- 텐서플로와 케라스: 『Deep Learning with Python, Second Edition』(Francois Chollet, Manning Publications, 2021)

코로나 팬데믹을 기점으로 사회는 크게 변화하고 있으며, 지능 기반 의료는 중요한 자리를 차지하게 될 것이다. 이런 기술이 의료와 헬스케어의 여러 문제를 슬기롭게 해결할 수 있길 바란다.

마지막으로, 컴퓨터 기술이 헬스케어에서 중요하다는 측면에서 그 방면으로 지속적인 관심을 둘 것을 말씀하시는 에이콘출판사 권성준 사장님께 항상 감사드린다.

차례

에이콘출판의 기틀을 마련하신 故 정완재 선생님 (1935-2004)

최근 헬스케어 분야에도 머신러닝을 적용하는 일이 유행이 되고 있다. 머신러닝 알고리 듬은 다양한 정형, 비정형, 반정형 데이터를 다룰 수 있는 전략을 제공한다. 이 책은 헬 스케어 분석에 사용되는 강력한 해법을 제공하는 새로운 접근법과 방법론을 다룬다.

이 책에서는 파이썬 에코시스템에 존재하는 여러 라이브러리를 이용해 핵심적인 머신 러닝 알고리듬과 사례들을 설명한다. 이 책은 다섯 개의 헬스케어 과제를 진행하며 인 공지능 애플리케이션의 효율성을 평가하는 내용으로 구성돼 있다. 독자들은 헬스케어 데이터를 효율적으로 처리하고 분석하는 더 나은 방법에 대한 인사이트를 얻을 수 있을 것이다. SVM, KNN 모델을 사용해 암을 진단하는 프로젝트, 케라스Keras를 사용한 딥 러닝으로 당뇨병 발생을 예측하는 사례, 신경망을 사용해 심장병을 예측하는 사례 등을 다룬다.

이 책을 마칠 무렵이면, 독자들은 헬스케어 도메인의 오래된 과제들을 어떻게 해결해야 할지 감을 잡을 수 있을 것이다.

⋮⋮ 이 책의 대상 독자

머신러닝 알고리듬을 적용해 스마트 인공지능 애플리케이션을 만들어보려는 데이터 과 학자, 머신러닝 기술자, 헬스케어 전문가를 위한 책이다.

파이썬이나 다른 프로그래밍 언어의 기초 지식을 갖춘 독자를 대상으로 한다.

⠿ 이 책에서 다루는 내용

1장. 유방암 진단 유방암 진단 프로젝트를 다룬다. UCI 데이터 저장소로부터 데이터를 임포트하는 하는 방법을 소개하며, 여러 특성feature(열) 변수에 이름을 부여하고 판다스 데이터프레임pandas DataFrame을 구성하는 방법을 설명한다. 데이터를 전처리하고 데이터에 대한 이해를 높이기 위한 탐색 과정을 설명한다. 또한 히스토그램과 산점도를 만들어보면서 분포와 변수들 간의 선형 관계도 살펴본다. 테스트 매개변수를 구현하고 KNN 분류자, SVC 모델을 만들고, 분류 보고서를 사용해 그 결과들을 서로 비교해볼 것이다. 마지막으로, 가상의 세포를 만들어 모델이 그 세포를 실제로 양성이나 악성 가운데 어느 쪽으로 판단하는지도 확인한다.

2장. 당뇨병 발병 예측 당뇨병 발병 예측 문제를 다룬다. 여기서는 케라스로 딥 신경망을 구성해볼 것이다. 사이킷런의 그리드 탐색grid search 방법을 사용해 최적 초매개변수hyperparameter를 탐색하고 초매개변수를 조절해 모델을 최적화하는 방법도 배운다. 그다음에는 모델로 비교적 큰 환자 데이터셋을 사용해 당뇨병의 발병을 예측해 본다.

3장. DNA 분류하기 DNA 분류 문제를 다룬다. 여기서는 대장균 염기서열이 프로모터promotor인지 여부를 분류해주는 머신러닝 모델을 만들어볼 것이다. 데이터 저장소에서 데이터를 가져오고, 텍스트 데이터를 숫자형 데이터로 바꾸는 방법을 집중적으로 소개한다. 그런 다음, 분류 알고리듬으로 모델을 만들고 학습시킨 후 분류 보고서를 사용해 모델들의 성능을 서로 비교해본다.

4장. 관상 동맥 질환 진단 관상 동맥 질환 진단 프로젝트를 살펴본다. 이 프로젝트에서는 sklearn과 keras를 사용한다. 판다스의 read_csv() 함수를 사용해 UCI 데이터 저장소에서 데이터를 임포트하고, 이것을 프로세싱한다. 데이터를 정리해 기술하는 방법을 배우고 우리가 다루는 것이 무엇인지 알아내기 위해 히스토그램을 출력해볼 것이다. 그다음에는 sklearn의 model_selection 모듈에 있는 함수를 사용해 훈련용 데이터셋과 테스트용 데이터셋으로 나눈다.

더 나아가 카테고리형 변수에 대해 원-핫 인코딩 벡터one-hot encoded vector로 변환시키고, 케라스를 사용해 간단한 신경망을 정의할 것이다. softmax 같은 활성 함수activation function와 카테고리 분류를 위한 categorical_crossentropy 같은 손실 함수^{loss function}를 사용해볼 것이다. 마지막으로는 분류 결과에 대한 보고서를 만들고 정확도를 계산해 본다.

5장. 머신러닝을 이용한 자폐증 스크리닝 머신러닝을 사용한 자폐증 스크리닝^{Autism screening}을 다룬다. 여기서는 약 90%의 정확도로 자폐증을 예측하는 머신러닝을 만들어 볼 것이다. 카테고리형 데이터를 처리하는 방법을 집중적으로 설명한다. 헬스케어 분야 에서는 카테고리형 데이터가 많으며, 이것을 처리하는 한 가지 방법이 원-핫 인코딩이 다. 드롭아웃 정규화로 과적합을 줄이는 방법도 소개한다.

부록에서는 역자가 추가로 작성한 내용으로 파이썬 데이터 과학 가이드를 제공한다. 파 이썬 언어 환경을 구성하는 방법과 데이터 과학에 필수적인 주피터 노트북을 중심으로 다룬다.

⠿ 이 책을 최대한 활용하는 방법

이 책은 넘파이^{NumPy}, 판다스^{pandas}, 맷플롯립^{matplotlib}, 사이킷런^{scikit-learn} 등과 같은 파 이썬 라이브러리를 사용해 실제로 헬스케어의 여러 분야에 걸친 과제에 대한 머신러닝 해법을 만들어보는 방법을 소개한다. 앞에서 언급한 대로 파이썬 언어나 다른 언어에 대한 기초 지식이 필요하지만, 머신러닝 등에 대한 사전 지식은 굳이 필요하지 않다. 독 자들은 이 책을 통해 머신러닝으로 인공지능 앱을 구현하는 방법을 이해하게 될 것이 고, 이런 지식을 사용해 여러 난이도의 헬스케어 분석 과제들에 접근할 수 있을 것이다. 이 책은 그런 과제들을 수행해 나가기 위한 안내서 역할을 충분히 할 수 있다. 이 책을 마칠 때쯤이면 헬스케어 도메인에서 오래된 문제들을 해결해 나가는 방법에 대해 감을 잡을 수 있을 것이다.

한국어판 예제 코드 다운로드

원본 예제 코드가 다소 부실한 감이 있으므로 한국어판 독자들은 가급적 별도로 제공하는 한국어판 코드를 다운로드해 이용하길 바란다.

역자의 깃허브 사이트 https://github.com/koseokbum/ml4hap2에서 한국어판 예제 코드를 받을 수 있으며, 각 장의 코드는 ch01.ipynb 등과 같은 이름의 주피터 노트북 파일로 만들었다.

원본과 비교할 때 가장 큰 차이는 더 이상 지원되지 않는 파이썬 2.X.X 코드를 파이썬 3.8.6에 맞춰 수정하고 검토했다는 점이다. 그리고 일부 사이킷런에서 변경된 내용도 있으므로 해당 부분을 반영했다.

독자들은 예제 코드를 다운로드해 압축을 해제하고, 이 폴더를 루트로 해서 콘다^{conda} 가상 환경을 활성화한 후 주피터 노트북이나 주피터랩 또는 그와 비슷한 기능을 가진 도구를 사용해 예제 파일을 열고 실행해볼 수 있다. 또는 연결된 구글 코랩을 통해서도 코드를 실행시킬 수 있다.

자세한 내용은 https://github.com/koseokbum/ml4hap2를 참고한다.

원서에서 사용된 예제 코드는 http://www.Packtpub.com/support를 방문해 이메일을 등록하면 파일을 직접 받을 수 있으며, 원서의 Errata도 확인할 수 있다. 또한 https://github.com/PacktPublishing/Machine-Learning-for-Healthcare-Analytics-Projects에서 다운로드할 수 있다.

컬러 이미지 다운로드

이 책에 사용된 스크린샷과 다이어그램의 컬러 이미지를 담은 PDF 파일이 별도로 제공된다. https://www.packtpub.com/sites/default/files/downloads/9781789536591_ColorImages.pdf와 에이콘출판사의 도서정보 페이지인 http://www.acornpub.co.kr/book/ml-healthcare-analytic에서 컬러 이미지를 다운로드할 수 있다.

편집 규약

이해를 돕고자 다루는 정보에 따라 글꼴 스타일을 다르게 적용했다. 이러한 스타일의 예와 의미는 다음과 같다.

텍스트 내 코드: 텍스트에서 코드 단어는 다음과 같이 표기한다. "실제로 speak() 메서드만이 사용됐다."

코드 블록은 다음과 같이 표기한다.

```
import sys
import pandas as pd
import sklearn
import keras
print('Python: {}'.format(sys.version))
print('Pandas: {}'.format(pd.__version__))
print('Sklearn: {}'.format(sklearn.__version__))
print('Keras: {}'.format(keras.__version__))
```

코드 블록에서 유의해야 할 부분이 있다면 다음과 같이 굵은 글꼴로 표기한다.

```
[default]
exten => s,1,Dial(Zap/1|30)
exten => s,2,Voicemail(u100)
exten => s,102,Voicemail(b100)
exten => i,1,Voicemail(s0)
```

명령줄 입력이나 출력은 다음과 같이 표기한다.

```
$ jupyter lab
```

고딕: 화면상에 표시되는 메뉴나 버튼은 다음과 같이 표기한다. "**Administration** 패널에서 **System info**를 선택한다."

NOTE

경고나 중요한 노트는 이와 같이 나타낸다.

TIP

팁과 요령은 이와 같이 나타낸다.

⫶ 고객 지원

문의: 메일 제목에 책 제목을 적어서 feedback@packtpub.com으로 이메일을 보내면 된다. 이 책과 관련해 문의 사항이 있다면 questions@packtpub.com으로 이메일을 보내주길 바란다. 한국어판에 관한 질문은 에이콘출판사 편집 팀(editor@acornpub.co.kr)으로 문의할 수 있다.

정오표: 내용을 정확하게 전달하고자 최선을 다했지만, 실수가 있을 수 있다. 이 책에서 문제점을 발견했다면 출판사로 알려주길 바란다. www.packtpub.com/submit-errata에서 책 제목을 선택하고 **Errata Submission Form** 링크를 클릭한 후 세부 사항을 입력하면 된다. 한국어판의 정오표는 에이콘출판사의 도서정보 페이지 http://www.acornpub.co.kr/book/ml-healthcare-analytic에서 찾아볼 수 있다.

저작권 침해: 인터넷에서 어떤 형태로든 팩트출판사 서적의 불법 복제물을 발견하면 해당 주소나 웹 사이트의 이름을 알려주길 바란다. 의심되는 불법 복제물의 링크를 copyright@packtpub.com으로 보내주면 된다.

01

유방암 세포 진단

인공지능의 한 갈래인 머신러닝이 세상을 휩쓸고 있다. 헬스케어 영역에서도 머신러닝을 통해 수동적인 과정을 자동화하고 환자, 서비스 제공자, 제약 회사 등에게 이득이 될 길을 모색하는 시도들이 나타나고 있다. 예를 들어 구글은 유방촬영술 영상에서 악성 종양을 알아낼 수 있는 머신러닝을 개발했고, 스탠포드 대학은 피부암을 진단할 수 있는 딥러닝 알고리듬을 소개하기도 했다.

이 장에서는 머신러닝 알고리듬을 사용해 유방암을 진단하는 사례를 다루며, 다음과 같은 순서대로 설명한다.

- SVM, KNN을 사용해 유방암 진단하기

- 데이터 시각화

- 변수들 간의 관계 파악

- 머신러닝 알고리듬에 대한 이해

- 모델을 훈련시키는 방법

- 머신러닝에서의 예측

SVM, KNN 모델을 사용한 유방암 진단

서포트 벡터 머신^{SVM}과 K-근접 이웃^{KNN} 알고리듬을 사용해 유방암 세포를 진단해보고, 이 두 알고리듬의 성능을 비교해볼 것이다.

먼저 사용될 파이썬 버전과 필요한 파이썬 라이브러리들을 임포트해 버전을 확인해보자.

```
# 라이브러리 임포트와 버전 확인
import sys
print('Python: {}'.format(sys.version))
Python: 3.9.7 | packaged by conda-forge | (default, Sep 29 2021, 19:26:22)
[Clang 11.1.0 ]
import scipy
import numpy
import matplotlib
import pandas
import sklearn

pkgs = [scipy, numpy, matplotlib,pandas, sklearn]
for pkg in pkgs:
  print(f'{pkg.__name__}: {pkg.__version__}' )
scipy: 1.7.3
numpy: 1.19.5
matplotlib: 3.5.1
pandas: 1.3.5
sklearn: 1.0.2
```

이 프로젝트에서 사용할 라이브러리들을 임포트한다.

```
# 필요한 도구 임포트
import numpy as np
from sklearn import preprocessing
from sklearn.neighbors import KNeighborsClassifier
from sklearn.svm import SVC
from sklearn import model_selection
from sklearn.metrics import classification_report
```

```
from sklearn.metrics import accuracy_score
from pandas.plotting import scatter_matrix
import matplotlib.pyplot as plt
import pandas as pd
```

이제 필요한 도구들이 로딩됐고, 다음은 데이터를 가져올 차례다. UCI 머신러닝 데이터 저장소의 데이터를 이용하려고 한다. 이 사이트에는 머신러닝에 사용하기 좋은 많은 데이터가 저장돼 있고, 누구나 무료로 사용할 수 있다.

URL을 사용해 UCI 데이터 저장소에서 바로 데이터를 로딩한다. 그리고 각 열에 대한 이름은 다음과 같은 코드로 부여했다.

```
# 데이터셋 로딩
url = "https://archive.ics.uci.edu/ml/machine-learning-databases/breast-
cancer-wisconsin/breast-cancer-wisconsin.data"
names = ['id', 'clump_thickness', 'uniform_cell_size', 'uniform_cell_
shape',
        'marginal_adhesion', 'single_epithelial_size', 'bare_nuclei',
        'bland_chromatin', 'normal_nucleoli', 'mitoses', 'class']
df = pd.read_csv(url, names=names)
```

대부분의 변수는 세포의 병리학적 특성에 관한 것이고, 마지막 class는 해당 세포가 양성인지 악성인지를 나타낸다. 헬스케어 머신러닝 작업은 의사와 컴퓨터 과학자 사이의 협업 프로젝트로 진행된다. 의사가 어떤 요인을 포함시키는 것이 중요한지 알려주면, 컴퓨터 과학자는 그것을 반영해 머신러닝을 수행한다.

⁞⁞⁞⁞· 데이터 전처리와 데이터 탐색

머신러닝을 할 때 데이터에 대한 이해는 매우 중요하다. 데이터를 이해하면 어떤 알고리듬을 선택하는 것이 좋은지 알 수 있고, 또 머신러닝으로 무엇을 하고자 하는지도 쉽게 이해할 수 있다. 이를테면, 좋은 결과라는 것이 무엇인지 이해할 수 있다. 분류 작업에서 흔히 사용되는 정확도accuracy가 데이터에 따라서는 좋은 분류 지표가 아닐 수도 있는 것이다.

데이터셋을 갖고 머신러닝을 시작하려면 데이터에 대한 전처리가 필요하다. 먼저 결측값을 처리해보자. df.replace() 함수를 사용해 '?'로 처리된 결측값을 -9999로 바꾼다. 그러고 나서 데이터프레임의 축axis을 출력해본다.

```
# 데이터 전처리
df.replace('?', -99999, inplace=True)
print(df.axes)
[RangeIndex(start=0, stop=699, step=1), Index(['id', 'clump_thickness',
'uniform_cell_size', 'uniform_cell_shape',
        'marginal_adhesion', 'single_epithelial_size', 'bare_nuclei',
        'bland_chromatin', 'normal_nucleoli', 'mitoses', 'class'],
        dtype='object')]
```

이제 머신러닝에 필요 없는 데이터는 제거한다. df.drop() 함수를 사용해 id라는 열을 제거한다. 판다스에서 데이터프레임의 구조에 큰 영향을 미치는 메서드들은 보통 원래의 데이터프레임은 그대로 두고 새롭게 바뀐 데이터프레임을 반환하는 것이 일반적인데, inplace 인자는 원래의 데이터프레임 자체가 업데이트되도록 한다.

```
df.drop(columns="id", axis=1, inplace=True)
```

이렇게 정리된 데이터셋에서 한 행을 살펴보자.

```
# 데이터셋 탐색과 시각화
print(df.loc[10])
clump_thickness          1
uniform_cell_size        1
uniform_cell_shape       1
marginal_adhesion        1
single_epithelial_size   1
bare_nuclei              1
bland_chromatin          3
normal_nucleoli          1
mitoses                  1
class                    2
Name: 10, dtype: object
```

id 열이 제거됐으며, 이제는 열 개의 열만 남았고 마지막 열 class는 세포가 악성인지 양성인지를 알려준다. 전체 데이터셋의 구조를 살펴보자.

```
# 데이터셋의 형태(shape) 확인
print(df.shape)
(699, 10)
```

데이터셋은 699개의 행과 열 개의 열로 구성돼 있다.

다음은 df.describe() 함수를 사용해 각 열에 대한 기술 통계를 확인한다. 이 함수는 결측값이 아닌 데이터의 개수, 평균, 표준편차, 최솟값, 최댓값 등을 알려준다. 이 함수는 기본적으로 숫자형 열에 대해서만 이런 값들을 제공한다.

```
# 데이터셋에 대한 기술
print(df.describe())
       clump_thickness  uniform_cell_size  ...      mitoses        class
count       699.000000         699.000000  ...   699.000000   699.000000
mean          4.417740           3.134478  ...     1.589413     2.689557
std           2.815741           3.051459  ...     1.715078     0.951273
min           1.000000           1.000000  ...     1.000000     2.000000
25%           2.000000           1.000000  ...     1.000000     2.000000
50%           4.000000           1.000000  ...     1.000000     2.000000
75%           6.000000           5.000000  ...     1.000000     4.000000
max          10.000000          10.000000  ...    10.000000     4.000000

[8 rows x 9 columns]
```

다음은 판다스의 df.hist() 함수를 사용해 각 변수에 대한 히스토그램을 출력함으로써 데이터의 분포를 확인한다.

```
# 각 변수에 대한 히스토그램
df.hist(figsize = (10, 10));
plt.show()
```

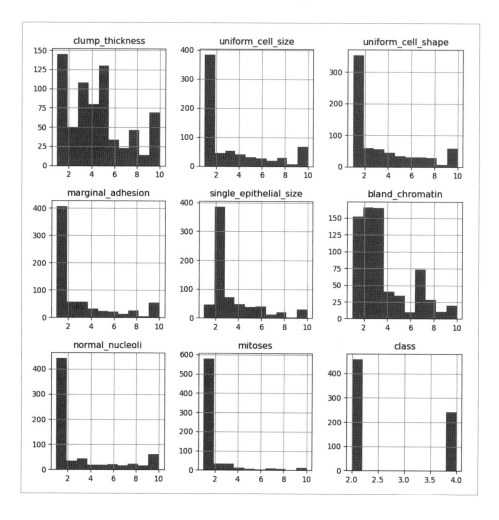

대부분의 열들은 그 값들이 1 주변으로 몰려 있다. clump_thickness는 비교적 균등하게 분포하고 있으며, bland_chromatin 열은 왼쪽으로 치우쳐 있다[right-sckewed].

다음으로는 변수들 간의 관계를 알아보기 위해 산점도 행렬을 만들어본다. 산점도 행렬은 선형 모델을 선택하는 것이 좋을지 아니면 복잡한 모델을 선택하는 것이 좋을지 판단하는 데 매우 유용하다. figsize=(18,18)로 이미지의 크기를 크게 설정했다.

```
# 산점도 행렬 만들기
scatter_matrix(df, figsize = (18,18));
plt.show()
```

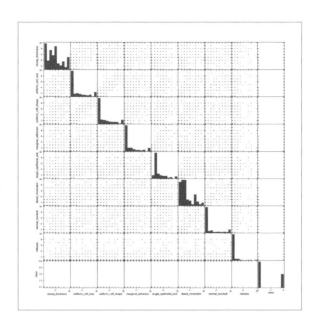

모든 열이 x축, y축에 나열돼 있다. x축과 y축이 교차하는 지점에는 앞서 본 히스토그램이 표시돼 있다.

그래프들을 보면, uniform_cell_shape과 uniform_cell_size는 예상되는 바와 같이 강한 선형 관계가 있음을 알 수 있다. 그렇지만 다른 그래프들에서는 좋은 선형 관계가 잘 확인되지 않는다. 전체적으로 보면, 우리 데이터셋에서는 변수들 간의 강한 상관관계가 없다고 결론 내릴 수 있다.

:ꭙ: 데이터셋 분리

데이터셋 탐색을 마쳤다. 이제는 어떤 세포가 암세포인지 예측할 수 있는 머신러닝 알고리듬을 만들어보자. 다음과 같이 진행한다.

첫 번째 단계는 데이터셋을 훈련용과 테스트용으로 분리한다. 이는 학습에 사용할 입력 데이터와 타깃 데이터를 구분해 데이터를 준비하는 것이다.

X 데이터에는 class 열을 제외한 모든 변수를 포함시킨다. 이것은 모델 적합에 사용할

훈련 데이터이고, y 데이터는 타깃 데이터인 class 열을 놓는다.

그다음에는 train_test_split() 함수를 사용해 전체 데이터를 X_train, X_test, y_train, y_test로 분리시킨다. test_size 인자를 통해 전체 데이터셋에서 훈련용으로 사용할 데이터의 양을 정할 수 있다. 이 경우에는 0.2로 지정했기 때문에 전체 데이터의 20%가 훈련용으로 사용된다.

다음으로는 재현성을 위해 랜덤 시드를 추가했다. 머신러닝 알고리듬은 난수를 사용하는 과정이 많으므로 실행할 때마다 결과가 달라진다. 랜덤 시드를 정하면, 그 과정을 고정시켜 똑같은 결과들이 생성될 수 있게 한다. 그리고 모델 성능 지표를 정확도로 정했다. 정확도란 전체 가운데 정확히 맞힌 비율을 의미한다.

```python
# 훈련, 테스트 데이터
X = np.array(df.drop(columns='class', axis=1))
y = np.array(df['class'])

X_train, X_test, y_train, y_test = model_selection.train_test_split(X, y,
test_size=0.2)

# 훈련에 사용되는 옵션
seed = 8
scoring = 'accuracy'
```

이제 모델을 학습시키자.

⁝⁝⁝ 모델 학습

사용할 모델은 K-근접 이웃과 서포트 벡터 머신이다. 사이킷런에는 이 모델에 대한 클래스를 제공하고, 클래스 인스턴스를 models라는 파이썬 리스트에 저장했다.

results, names라는 파이썬 리스트는 나중에 결과값을 보관할 저장소다.

파이썬 for 문을 사용해 두 모델을 동시에 훈련시키고, K-겹 교차 검증K-fold cross validation을 시행한 후 그 결과인 평균값과 표준편차가 출력되게 코딩했다.

K-겹 교차 검증은 훈련 데이터를 K 값에 해당하는 n_splits개의 서브그룹으로 나누고, 서브그룹에서 하나를 제외한 후 학습시킨 다음, 제외했던 나머지 그룹으로 모델을 평가한다. 그다음에는 제외했던 것을 포함시키고, 다른 하나를 제외한 후 모델을 훈련시키고 평가한다. 교차 검증은 머신러닝에서 아주 중요한 위치를 차지한다. 그래서 사이킷런 문서 페이지[1]를 보고 잘 이해해둘 필요가 있다.

```python
# 모델 정의
models = []
models.append(('KNN', KNeighborsClassifier(n_neighbors = 5)))
models.append(('SVM', SVC(gamma="auto")))

# 모델 평가
results = []
names = []

for name, model in models:
    kfold = model_selection.KFold(n_splits=10)
    cv_results = model_selection.cross_val_score(model, X_train, y_train,
cv=kfold, scoring=scoring)
    results.append(cv_results)
    names.append(name)
    msg = "%s: %f (%f)" % (name, cv_results.mean(), cv_results.std())
    print(msg)
KNN: 0.967792 (0.017511)
SVM: 0.960617 (0.013470)
```

이 경우 KNN이 SVM보다 좀 더 나은 성적을 보인다. 하지만 이 결과는 오로지 훈련 데이터를 사용한 수치라는 점을 염두에 둘 필요가 있다.

KNN과 서포트 벡터 분류기가 훈련 데이터에 대해 매우 유사한 결과를 보이고 있지만, 그 원리는 매우 다르다. KNN은 서로 다른 지점에 있는 점들을 다른 그룹으로 분류해 악성인지 양성인지를 구분하려고 시도한다. 그렇지만 SVM은 양성과 악성으로 구분하는 최적의 초평면hyperplane을 찾으려고 시도한다.

---

1   https://scikit-learn.org/stable/modules/cross_validation.html

머신러닝을 사용한 예측

이 절에서는 테스트 데이터를 사용해 예측을 해보려고 한다. 지금까지 이미 결과를 알고 있는 훈련 데이터셋만 다뤘기 때문에 머신러닝이 그다지 유용하다고 볼 수 없다. 머신러닝의 유용성은 새로운 데이터에 대한 예측 능력에 있다.

먼저 앞에서 분리해 학습에는 사용하지 않았던 X_test, y_test 데이터셋을 갖고 예측해 본다.

다시 한 번 for 루프를 사용해 models 리스트에 있는 파이썬 튜플에 대해 순회한다. 이 튜플은 두 개의 요소로 구성되는데, 하나는 name이고 다른 하나는 model이다.

다음으로는 model.fit() 함수를 사용해 훈련 데이터를 갖고 학습시킨다. 모델이 학습되면 테스트 데이터인 X_test 데이터에 대해 model.predict() 함수로 예측을 하게 한다.

그런 다음 모델 이름을 출력하고, 테스트 데이터로 타깃 정보가 들어있는 y_test와 모델이 예측한 predictions를 서로 비교해 accuracy_test()를 실행하고 결과를 출력한다. 또한 분류 보고서를 출력해 거짓 양성, 거짓 음성 등을 확인할 수 있도록 했다.

```
# 테스트셋으로 예측하기

for name, model in models:
    model.fit(X_train, y_train)
    predictions = model.predict(X_test)
    print(f'{name}: {accuracy_score(y_test, predictions)}')
    print(classification_report(y_test, predictions))

# 정확도(accuracy)- 전체 가운데 정확히 예측한 비율
# 정밀도(precision)- 결과가 양성일 것으로 예측되는 전체 가운데 정말로 양성인 비율
# 재현율(recall, sensitivity): 실제로 양성인 전체 가운데 검사가 양성인 비율
# F1 값- 정밀도(precision)와 재현율(recall)의 조화 평균(harmonic mean)
KNeighborsClassifier()
KNN: 0.9857142857142858
           precision    recall  f1-score   support

        2       0.99      0.99      0.99        97
        4       0.98      0.98      0.98        43
```

```
      accuracy                          0.99        140
     macro avg     0.98      0.98      0.98        140
  weighted avg     0.99      0.99      0.99        140

SVC(gamma='auto')
SVM: 0.95
               precision    recall  f1-score   support

            2       1.00      0.93      0.96        97
            4       0.86      1.00      0.92        43

     accuracy                          0.95        140
    macro avg       0.93      0.96      0.94        140
 weighted avg       0.96      0.95      0.95        140
```

전체적인 정확도accuracy는 모델명 다음에 출력된다.

classification_report() 함수는 정확도 외에 정밀도precision, 재현율recall, f1-스코어 등의 지표도 출력한다. 정밀도는 거짓 양성에 대한 지표를 제공한다. 양성으로 예측한 개수에서 실제로 양성인 관측 개수의 비율이다. 정밀도가 높다는 이야기는 거짓 양성의 숫자가 작음을 의미한다. 만약 어떤 모델이 다른 모델에 비해 정밀도가 높다면, 다른 모델보다 거짓 양성으로 예측하는 비율이 낮다는 것을 의미한다.

재현율은 거짓 음성에 대한 지표다. f1-스코어는 정밀도와 재현율의 조화 평균이다.

코드를 다시 실행하면 앞에서 본 결과와 약간 다른 결과가 출력된다. 이는 train_test_split() 함수가 데이터를 분류할 때 임의로 데이터셋을 분리하기 때문이다.

```
# 훈련, 테스트 데이터
X = np.array(df.drop(columns='class', axis=1))
y = np.array(df['class'])

X_train, X_test, y_train, y_test = model_selection.train_test_split(X, y,
test_size=0.2)

# 훈련에 사용되는 옵션
seed = 8
scoring = 'accuracy'
```

```
# 모델 정의
models = []
models.append(('KNN', KNeighborsClassifier(n_neighbors = 5)))
models.append(('SVM', SVC(gamma="auto")))

# 모델 평가
results = []
names = []

# 테스트셋으로 예측하기

for name, model in models:
    model.fit(X_train, y_train)
    predictions = model.predict(X_test)
    print(f'{name}: {accuracy_score(y_test, predictions)}')
    print(classification_report(y_test, predictions))
KNeighborsClassifier()
KNN: 0.9357142857142857
            precision    recall    f1-score    support

        2       0.94       0.95       0.95        83
        4       0.93       0.91       0.92        57

 accuracy                            0.94       140
macro avg       0.93       0.93       0.93       140
weighted avg    0.94       0.94       0.94       140

SVC(gamma='auto')
SVM: 0.9357142857142857
            precision    recall    f1-score    support

        2       0.97       0.92       0.94        83
        4       0.89       0.96       0.92        57

 accuracy                            0.94       140
macro avg       0.93       0.94       0.93       140
weighted avg    0.94       0.94       0.94       140
```

이어서 직접 하나의 세포의 특성들을 설정한 다음, 그 세포에 대해 양성, 악성 여부를 판단하도록 해보자.

서포트 벡터 머신을 사용한다. 모델을 훈련하고 훈련 데이터에 대한 정확도를 확인한다.

다음은 하나의 사례^{example}를 제시한다. 여기서는 np.array()로 하나의 세포를 표현하는 값을 만든다. 사실 이 데이터는 원래 데이터의 열 번째 관측 세포의 값들이다(df.loc[9]로 확인할 수 있다).

```
clf = SVC(gamma="auto")

clf.fit(X_train, y_train)
accuracy = clf.score(X_test, y_test)
print(accuracy)

example_measures = np.array([[4,2,1,1,1,2,3,2,1]])
example_measures = example_measures.reshape(len(example_measures), -1)
prediction = clf.predict(example_measures)
print(prediction)
SVC(gamma='auto')
0.9357142857142857
[2]
```

모델의 정확도는 96%이며 제시한 세포는 양성으로 판정하고 있다. 실제 데이터셋에서 이것이 맞다는 사실을 확인할 수 있다.

```
print(df.loc[9])
clump_thickness          4
uniform_cell_size        2
uniform_cell_shape       1
marginal_adhesion        1
single_epithelial_size   2
bare_nuclei              1
bland_chromatin          2
normal_nucleoli          1
mitoses                  1
class                    2
Name: 9, dtype: object
```

ꛭ 요약

이 장에서는 UCI 데이터 저장소에서 데이터를 임포트해 판다스 데이터프레임으로 불러들인 다음, 데이터 전처리를 거쳐 데이터 탐색을 수행했다. 또한 수행 과정에서 히스토그램이나 산점도 행렬 등을 만들어봤다.

이어서 데이터셋을 훈련 데이터와 테스트 데이터로 나누고, KNN, SVC 분류 모델을 구성하고, 데이터가 주어졌을 때 모델이 세포를 어떻게 분류하는지 예측할 수 있었으며, 분류 보고서를 통해 그 성능을 서로 비교했다.

다음 장에서는 당뇨병 데이터셋을 갖고 그 발병을 예측하는 프로젝트를 소개한다.

02

당뇨병 발병 예측

최근 수년 동안 헬스케어 머신러닝이 발전하면서 분석에 사용할 수 있는 큰 데이터셋들이 수집, 관리되고 있으며, 신경망 기술을 사용하면 다양한 질병이 발병하는 것을 사전에 예측할 수 있게 됐다. 이 장에서는 딥러닝과 그리드 탐색grid search 방법을 사용해 당뇨병 발병을 예측하는 사례를 소개한다. 또한 딥러닝의 개념과 최적화를 위한 파라미터를 소개하고, 적절한 파라미터를 선택하는 방법도 다룬다.

다음과 같은 순서로 설명한다.

- 딥러닝, 그리드 탐색을 사용한 당뇨병 진단

- 데이터셋 소개

- 케라스 모델 설계

- 사이킷런으로 그리드 탐색 실행하기

- 드롭아웃 규제로 과적합overfitting 줄이기

- 최적의 초매개변수 찾기

- 최적 초매개변수를 사용해 예측하기

░▷ 딥러닝과 그리드 탐색을 사용한 당뇨병 진단

이 장에서는 딥러닝 알고리듬을 사용해 당뇨병 발생을 예측하는 방법과 그리드 탐색법을 사용해 알고리듬을 최적화하는 방법을 다룬다.

import 문을 사용해 패키지들을 로딩하고, 다음과 같은 코드로 패키지 버전을 프린트해서 확인한다.

```
import sys
print('Python: {}'.format(sys.version))
Python: 3.9.7 | packaged by conda-forge | (default, Sep 29 2021, 19:26:22)
[Clang 11.1.0 ]
import pandas
import numpy
import sklearn
from tensorflow import keras

pkgs = [pandas, numpy, sklearn,  keras]
for pkg in pkgs:
  print(f'{pkg.__name__}: {pkg.__version__}')
pandas: 1.3.5
numpy: 1.19.5
sklearn: 1.0.2
keras.api._v2.keras: 2.7.0
```

넘파이와 판다스 패키지를 임포트한다.

```
import numpy as np
import pandas as pd
```

ꓵ 데이터셋 소개

여기서 사용할 피마 인디언^{Pima Indians} 당뇨병 데이터셋을 임포트한다. 이 데이터셋에는 750명 환자에 대한 상세 정보가 담겨 있다.

데이터는 https://raw.githubusercontent.com/jbrownlee/Datasets/master/pima-indians-diabetes.data.csv에 있으며, 이 URL에서 여러 원 정보들을 확인할 수 있다. 데이터셋을 임포트하고 나서 열의 이름을 지정한다. 그다음에는 pd.read_csv() 함수를 사용해 데이터셋을 판다스 데이터프레임으로 읽어온다.

```
url = "https://raw.githubusercontent.com/jbrownlee/Datasets/master/pima-
indians-diabetes.data.csv"
names = ['n_pregnant', 'glucose_concentration', 'blood_pressure (mm Hg)',
'skin_thickness (mm)', 'serum_insulin (mu U/ml)', 'BMI', 'pedigree_
function', 'age', 'class']

df = pd.read_csv(url, names=names)
```

pd.describe() 함수를 사용해 변수들의 주요 기술 통계를 확인한다.

```
# 기술 통계 확인
df.describe()
       n_pregnant  glucose_concentration  ...         age        class
count  768.000000             768.000000  ...  768.000000   768.000000
mean     3.845052             120.894531  ...   33.240885     0.348958
std      3.369578              31.972618  ...   11.760232     0.476951
min      0.000000               0.000000  ...   21.000000     0.000000
25%      1.000000              99.000000  ...   24.000000     0.000000
50%      3.000000             117.000000  ...   29.000000     0.000000
75%      6.000000             140.250000  ...   41.000000     1.000000
max     17.000000             199.000000  ...   81.000000     1.000000

[8 rows x 9 columns]
```

결과를 보면 768개의 행과 아홉 개의 열이 있다. 이 데이터프레임은 각 변수에 대한 평균, 최솟값, 표준편차, 최댓값 등을 알려준다. 예를 들어, n_pregnant 열을 보면 0에서 17

번까지 임신한 경우가 있음을 알 수 있다. 그런데 여러 열에서 최솟값이 0이 될 수 없음에도 불구하고 0으로 처리돼 있어, 결측값이 0으로 코딩돼 있다는 것을 짐작할 수 있다.

결측값은 알고리듬의 정확도를 떨어뜨린다. 먼저 결측값을 처리하자.

데이터 전처리

데이터를 보고 결측값들이 어떻게 들어가 있는지 확인하자.

다음 코드를 사용해 혈당값이 0인 행들을 필터링해보자.

```
df[df['glucose_concentration'] == 0]
     n_pregnant  glucose_concentration  ...  age  class
75           1                      0   ...   22      0
182          1                      0   ...   21      0
342          1                      0   ...   22      0
349          5                      0   ...   37      1
502          6                      0   ...   41      1

[5 rows x 9 columns]
```

결과를 보면 혈당이 0으로 처리된 경우가 모두 다섯 케이스 있는데, 이것으로 데이터셋에 결측값이 실제로 이런 식으로 처리돼 있음을 짐작할 수 있다.

먼저 결측값을 NaN(np.nan) 값으로 코딩한 후에, 결측값이 있는 행들을 제거하려고 한다. 이렇게 하기 위해 검색 대상 열을 정의한다. n_pregnant, age, class를 제외한 열들을 선택한다.

```
columns = ['glucose_concentration', 'blood_pressure (mm Hg)',
           'skin_thickness (mm)', 'serum_insulin (mu U/ml)', 'BMI']
```

열들을 선택하고 나서 이 열들에 포함돼 있는 0 값을 NaN으로 모두 교체한다. 그런 다음 describe() 함수를 사용해 제대로 됐는지 확인한다.

```
for col in columns:
    df[col].replace(0, np.nan, inplace=True)
df.describe()
        n_pregnant  glucose_concentration  ...         age       class
count   768.000000             763.000000  ...  768.000000  768.000000
mean      3.845052             121.686763  ...   33.240885    0.348958
std       3.369578              30.535641  ...   11.760232    0.476951
min       0.000000              44.000000  ...   21.000000    0.000000
25%       1.000000              99.000000  ...   24.000000    0.000000
50%       3.000000             117.000000  ...   29.000000    0.000000
75%       6.000000             141.000000  ...   41.000000    1.000000
max      17.000000             199.000000  ...   81.000000    1.000000

[8 rows x 9 columns]
```

여러 개의 열이 수정됐음을 확인할 수 있다. 예를 들어 serum_insulin 열은 768개의 행에서 394개로 줄었음을 알 수 있다. pd.describe() 출력에서 count는 결측값이 아닌 행의 개수다.

이제 결측값을 모두 NaN으로 처리했다. 이제 결측값을 가진 사례들을 다음과 같은 코드로 제거한다.

```
df.dropna(inplace=True)
df.describe()
        n_pregnant  glucose_concentration  ...         age       class
count   392.000000             392.000000  ...  392.000000  392.000000
mean      3.301020             122.627551  ...   30.864796    0.331633
std       3.211424              30.860781  ...   10.200777    0.471401
min       0.000000              56.000000  ...   21.000000    0.000000
25%       1.000000              99.000000  ...   23.000000    0.000000
50%       2.000000             119.000000  ...   27.000000    0.000000
75%       5.000000             143.000000  ...   36.000000    1.000000
max      17.000000             198.000000  ...   81.000000    1.000000

[8 rows x 9 columns]
```

이렇게 하면 결측값이 모두 제거된 데이터프레임을 얻을 수 있다. 결측값이 모두 제거돼 392개의 인스턴스만 남았다.

더 나아가 이 데이터셋을 NumPy 배열로 변환시킨다. 이를 위해 df.values 속성을 사용한다. 이렇게 하고 나서 모든 것이 제대로 되는지 체크한다.

```
# 데이터프레임을 numpy 배열로 변환
dataset = df.values
print(dataset.shape)
(392, 9)
```

결과를 보면, 392명의 환자에 대해 아홉 개의 변수(열)를 갖고 있음이 확인된다.

이 데이터셋을 입력 데이터셋 X, 타깃 값 Y로 나눈다. NumPy 배열은 인덱싱하기에 편리하다. 다음 코드를 사용해 데이터셋을 나눈다. .astype(int)로 값을 정수로 바꾼다.

```
X = dataset[:, 0:8]
Y = dataset[:, 8].astype(int)
```

데이터셋을 분리하고 나서 데이터셋의 형태를 확인한다. 그리고 X, Y의 처음 다섯 케이스를 출력해서 확인한다.

```
print(X.shape)
(392, 8)
print(Y.shape)
(392,)
print(X[:5])
[[1.000e+00 8.900e+01 6.600e+01 2.300e+01 9.400e+01 2.810e+01 1.670e-01
  2.100e+01]
 [0.000e+00 1.370e+02 4.000e+01 3.500e+01 1.680e+02 4.310e+01 2.288e+00
  3.300e+01]
 [3.000e+00 7.800e+01 5.000e+01 3.200e+01 8.800e+01 3.100e+01 2.480e-01
  2.600e+01]
 [2.000e+00 1.970e+02 7.000e+01 4.500e+01 5.430e+02 3.050e+01 1.580e-01
  5.300e+01]
 [1.000e+00 1.890e+02 6.000e+01 2.300e+01 8.460e+02 3.010e+01 3.980e-01
  5.900e+01]]
print(Y[:5])
[0 1 1 1 1]
```

X의 처음 다섯 케이스의 값들은 모두 부동소수점 수다. Y 값들을 출력해보면 정수다.

데이터 정규화

여기서는 데이터 정규화를 시킨다. 데이터 정규화는 sklearn 라이브러리가 제공하는 StandardScaler를 사용한다. 다음과 같은 코드로 필요한 도구를 임포트하고 데이터를 스케일러에 적합시킨다.

```python
from sklearn.preprocessing import StandardScaler
scaler = StandardScaler().fit(X)
```

이렇게 하면 스케일링을 위한 행렬이 내부에서 만들어진다. 필요한 경우 여러 매개변수를 변환해 원하는 행렬을 얻을 수 있다.

이제 훈련 데이터를 변환하고 출력해보자.

```python
# 훈련 데이터의 변환과 출력
X_standardized = scaler.transform(X)

data = pd.DataFrame(X_standardized)
data.describe()
                  0              1     ...            6              7
count  3.920000e+02   3.920000e+02   ...   3.920000e+02   3.920000e+02
mean  -9.063045e-18   1.132881e-17   ...   1.812609e-17   1.110223e-16
std    1.001278e+00   1.001278e+00   ...   1.001278e+00   1.001278e+00
min   -1.029213e+00  -2.161731e+00   ...  -1.269525e+00  -9.682991e-01
25%   -7.174265e-01  -7.665958e-01   ...  -7.340909e-01  -7.719850e-01
50%   -4.056403e-01  -1.176959e-01   ...  -2.131475e-01  -3.793569e-01
75%    5.297185e-01   6.609841e-01   ...   4.751644e-01   5.040564e-01
max    4.271153e+00   2.445459e+00   ...   5.497667e+00   4.921123e+00

[8 rows x 8 columns]
```

통계를 보면 392개의 인스턴스를 갖고 있으며, 정규화돼 평균 0, 표준편차 1을 가진다. 값들이 정규화돼 머신러닝 알고리듬들이 모든 열에 대해 특별히 의존하거나 가중치를 부여하는 일 없이 균등한 값으로 처리할 수 있게 됐다. 이제 준비를 마쳤다.

⁞⁝ 케라스 모델 정의

이제 케라스로 딥러닝 알고리듬 모델을 정의하는 작업을 시작하자.

필요한 패키지와 레이어를 임포트한다.

```
from sklearn.model_selection import GridSearchCV, KFold
from keras.models import Sequential
from keras.layers import Dense
from keras.wrappers.scikit_learn import KerasClassifier
from tensorflow.keras.optimizers import Adam
```

GridSearchCV는 나중에 그리드 탐색에 사용할 함수다. KFold는 K-겹 교차 검증에 사용된다. KerasClassifier는 사이킷런의 분류기를 케라스 방식으로 재정의한 함수다. Adam은 모델에 사용되는 최적화 함수optimizer다.

모델 정의 과정을 create_model()이라는 사용자 정의 함수로 만들려고 한다. 앞으로 매개변수를 바꿔가면서 모델을 여러 번 초기화해 재사용할 것이기 때문에 사용자 함수로 정의하는 것이 좋다.

모델은 Sequential 타입으로 정했다. 그리고 나서 모델에 다음 레이어들을 추가했다.

- **입력 레이어**: 첫 번째 레이어

- **밀접 레이어**dense layer: 모든 뉴런이 모두 입력과 연결돼 있는 레이어

- **출력 레이어**: 마지막 레이어

딥러닝에서는 입력 레이어와 출력 레이어 사이에 은닉 레이어들이 놓인다.

모델을 정의하고 나서 모델을 컴파일한다. 최적화 함수로 여기서는 Adam을 사용했다. 학습률은 0.01로 지정했다. 이 값은 모델이 매개변수를 업데이트하는 속도를 결정한다. 코드는 다음과 같다.

```python
def create_model():
    #  케라스 모델 정의
    model = Sequential()
    model.add(Dense(8, input_dim = 8,
                    kernel_initializer='normal', activation='relu'))
    model.add(Dense(4, input_dim = 8,
                    kernel_initializer='normal', activation='relu'))
    model.add(Dense(1, activation='sigmoid'))

    # 모델 컴파일
    adam = Adam(lr = 0.01)
    model.compile(loss = 'binary_crossentropy',
                  optimizer = adam, metrics = ['accuracy'])
    return model
```

사용자 함수를 실행해 모델의 특징을 살펴보자.

```
model = create_model()
print(model.summary())
Model: "sequential"
```

Layer (type)	Output Shape	Param #
dense (Dense)	(None, 8)	72
dense_1 (Dense)	(None, 4)	36
dense_2 (Dense)	(None, 1)	5

```
Total params: 113
Trainable params: 113
Non-trainable params: 0
```

```
None
```

출력 결과를 보면 레이어별 정보를 확인할 수 있다. 이 신경망의 모든 매개변수의 개수는 113개다. 신경망 치고는 작은 수다. model.summary() 함수는 신경망에 대한 유용한 정보를 알려준다.

⫶⫶ 사이킷런을 사용한 그리드 탐색법 수행

이제 그리드 탐색 알고리듬을 사용하기 위한 준비를 하자.

가장 먼저 할 일은 앞에서 만든 create_model() 함수를 새로운 셀로 복사하는 것이다.

```python
def create_model():
    # 케라스 모델 생성
    model = Sequential()
    model.add(Dense(8, input_dim = 8,
                    kernel_initializer='normal', activation='relu'))
    model.add(Dense(4, input_dim = 8,
                    kernel_initializer='normal', activation='relu'))
    model.add(Dense(1, activation='sigmoid'))

    # 모델 컴파일
    adam = Adam(lr = 0.01)
    model.compile(loss = 'binary_crossentropy',
                  optimizer = adam,
                  metrics = ['accuracy'])
    return model
```

이제 NumPy를 사용해 새로운 난수 시드를 정한다. 이렇게 하면 재현성 있는 결과를 얻을 수 있다. 그런 다음 가중치를 무작위로 지정하고, 랜덤하게 전체 데이터셋을 훈련, 테스트, 검증 데이터셋으로 나눈다. 난수 시드를 사용하게 되면 항상 같은 초깃값을 사용해 모델을 만들 수 있다. 그래서 위의 create_model() 이전에 아래와 같은 내용을 추가한다.

```python
# 랜덤 시드 정의
seed = 6
np.random.seed(seed)

def create_model():
    # 케라스 모델 생성
    model = Sequential()
    model.add(Dense(8, input_dim = 8,
                    kernel_initializer='normal', activation='relu'))
    model.add(Dense(4, input_dim = 8,
                    kernel_initializer='normal', activation='relu'))
    model.add(Dense(1, activation='sigmoid'))
```

```
# 모델 컴파일
adam = Adam(lr = 0.01)
model.compile(loss = 'binary_crossentropy',
              optimizer = adam,
              metrics = ['accuracy'])
return model
```

다음은 KerasClassifier를 초기화한다.

```
model = KerasClassifier(build_fn = create_model, verbose = 1)
```

위 코드에서 두 개의 매개변수를 사용했다. 첫 번째 build_fn은 모델을 정의하는 데 사용되는 함수를 말하는데, 여기서는 create_model이다. 두 번째 verbose는 셀을 실행시킬 때 출력되는 정보의 양을 지정한다. 알고리듬이 작동하는 것을 보려면 이것을 1로 지정한다.

이제 그리드 탐색 매개변수를 정할 차례다. 여기서는 배치 크기로 batch_size = [10, 20, 40]과 같이 지정했다. 배치 크기는 경사값과 가중 매개변수를 바꾸기 전에 계산에 사용되는 입력 값의 개수를 말한다. 에포크^{epoch}는 신경망 학습 시간을 결정한다. epochs =[10, 50, 100]으로 지정했다.

```
batch_size = [10, 20, 40]
epochs = [10, 50, 100]
```

그리드 검색 알고리듬에 사용하려면 이 매개변수를 dict() 함수를 사용해 파이썬 딕셔너리로 바꿔줘야 한다.

```
param_grid = dict(batch_size=batch_size, epochs=epochs)
```

지금까지 내용을 정리한 코드는 다음과 같다.

```python
# 랜덤 시드 정의
seed = 6
np.random.seed(seed)

# 모델 생성
def create_model():
    # 케라스 모델 생성
    model = Sequential()
    model.add(Dense(8, input_dim = 8,
                    kernel_initializer='normal', activation='relu'))
    model.add(Dense(4, input_dim = 8,
                    kernel_initializer='normal', activation='relu'))
    model.add(Dense(1, activation='sigmoid'))

    # 모델 컴파일
    adam = Adam(lr = 0.01)
    model.compile(loss = 'binary_crossentropy',
                  optimizer = adam,
                  metrics = ['accuracy'])
    return model

# 케라스 분류자(앞의 함수 호출)
model = KerasClassifier(build_fn = create_model, verbose = 1)

# 그리드 탐색 매개변수 정의
batch_size = [10, 20, 40]
epochs = [10, 50, 100]

# 그리드 탐색 매개변수를 딕셔너리로 변환
param_grid = dict(batch_size=batch_size, epochs=epochs)
```

생성된 모델에 대해 그리드 탐색 알고리듬에 대한 적합을 시행해서 초매개변수 최적화
작업을 한다. 그리드를 정의하고 여러 매개변수를 가진 GridSearchCV 클래스 인스턴스
를 초기화한다. 다음 인스턴스에 대해 데이터를 접합시킨다(grid.fit()).

```python
grid = GridSearchCV(estimator = model, param_grid = param_grid,
                    cv = KFold(random_state=seed, shuffle=True),
                    verbose = 0)
grid_results = grid.fit(X_standardized, Y)
```

GridSearchCV()의 인자는 다음과 같다.

- **estimator**: 사용할 모델

- **param_grid**: 매개변수 그리드

- **cv**: 교차 검증을 정의한다. 이 경우에 K-겹 교차 검증을 사용한다. 이 방법은 전체 데이터셋을 정해진 개수의 그룹으로 나눠 진행한다. 여기서는 3-겹 교차 검증을 사용하는데, 이 경우 세 개의 그룹으로 나눠진다. 이 가운데 두 개는 훈련하는 데 사용되고, 나머지 한 개는 검증에 사용된다. K-겹 교차 검증에서는 나눠진 그룹들이 교대로 검증에 사용된다. 이 경우 신경망은 세 번 실행되는데, 각 검증 단계에서 각각의 검증 데이터셋이 한 번씩 사용된다.

- **verbose 매개변수**: 0으로 지정했기 때문에 중간 단계는 무시되고 마지막 결과만 보게 된다.

다음은 결과를 보고하는 코드다.

```
print("Best: {0}, **using** {1}".format(grid_results.best_score_, grid_results.best_params_))
means = grid_results.cv_results_['mean_test_score']
stds = grid_result.cv_results_['std_test_score']
params = grid_results.cv_results_['params']
for mean, stdev, param in zip(means, stds, params):
    print('{0} ({1}) with: {2}'.format(mean, stdev, param))
```

이제 실제로 그리드 탐색을 실행하고 결과를 보자.

```
# 최적 배치 크기와 에포크를 정하기 위한 그리드 탐색
# 랜덤 시드 정의
seed = 6
np.random.seed(seed)

# 모델 정의
def create_model():
    # 케라스 모델 생성
    model = Sequential()
```

```python
model.add(Dense(8, input_dim = 8,
                kernel_initializer='normal', activation='relu'))
model.add(Dense(4, input_dim = 8,
                kernel_initializer='normal', activation='relu'))
model.add(Dense(1, activation='sigmoid'))

    # 모델 컴파일
    adam = Adam(lr = 0.01)
    model.compile(loss = 'binary_crossentropy',
                  optimizer = adam,
                  metrics = ['accuracy'])
    return model

# 모델 생성
model = KerasClassifier(build_fn = create_model, verbose = 1)

# 그리드 탐색 매개변수 정의
batch_size = [10, 20, 40]
epochs = [10, 50, 100]

# 그리드 탐색 매개변수를 딕셔너리로 만들기
param_grid = dict(batch_size=batch_size, epochs=epochs)

# GridSearchCV 빌드와 적합
grid = GridSearchCV(estimator = model, param_grid = param_grid,
                    cv = KFold(random_state=seed, shuffle=True),
                    verbose = 10)
grid_results = grid.fit(X_standardized, Y)

# 결과 보고
print("Best: {0}, using {1}".format(grid_results.best_score_, grid_results.
best_params_))
means = grid_results.cv_results_['mean_test_score']
stds = grid_results.cv_results_['std_test_score']
params = grid_results.cv_results_['params']
for mean, stdev, param in zip(means, stds, params):
    print('{0} ({1}) with: {2}'.format(mean, stdev, param))
```

이 그리드 탐색은 시간이 오래 걸린다. 결과는 지면 관계상 캡처 결과만 출력한다.

```
Epoch 41/50
40/40 [==============================] - 0s 609us/step - loss: 0.3209 - accuracy: 0.8601
Epoch 42/50
40/40 [==============================] - 0s 609us/step - loss: 0.4038 - accuracy: 0.8162
Epoch 43/50
40/40 [==============================] - 0s 631us/step - loss: 0.3647 - accuracy: 0.8212
Epoch 44/50
40/40 [==============================] - 0s 654us/step - loss: 0.3519 - accuracy: 0.8446
Epoch 45/50
40/40 [==============================] - 0s 633us/step - loss: 0.3438 - accuracy: 0.8913
Epoch 46/50
40/40 [==============================] - 0s 652us/step - loss: 0.3492 - accuracy: 0.8339
Epoch 47/50
40/40 [==============================] - 0s 650us/step - loss: 0.3662 - accuracy: 0.8417
Epoch 48/50
40/40 [==============================] - 0s 684us/step - loss: 0.3433 - accuracy: 0.8603
Epoch 49/50
40/40 [==============================] - 0s 747us/step - loss: 0.3058 - accuracy: 0.8797
Epoch 50/50
40/40 [==============================] - 0s 643us/step - loss: 0.3698 - accuracy: 0.8244
Best: 0.7782538056373596, using {'batch_size': 10, 'epochs': 50}
0.7551119685173034 (0.025808716732038408) with: {'batch_size': 10, 'epochs': 10}
0.7782538056373596 (0.05062070109435821) with: {'batch_size': 10, 'epochs': 50}
0.7629016518592835 (0.046766457121917016) with: {'batch_size': 10, 'epochs': 100}
0.7449853777885437 (0.03721992126796495) with: {'batch_size': 20, 'epochs': 10}
0.7400194764137268 (0.04008775242325542) with: {'batch_size': 20, 'epochs': 50}
0.7501460671424866 (0.029553626090722) with: {'batch_size': 20, 'epochs': 100}
0.7475170254707336 (0.04686203693647329) with: {'batch_size': 40, 'epochs': 10}
0.7729308605194092 (0.019025832714419107) with: {'batch_size': 40, 'epochs': 50}
0.7551768898963929 (0.03099118504929625) with: {'batch_size': 40, 'epochs': 100}
```

결과는 실행할 때마다 값이 달라질 수 있다.[1]

결과를 보면, 훈련 데이터에서는 정확도가 거의 88%에 이르고 있다. 하지만 테스트 데이터에서는 77.8%의 정확도만 보인다. 이는 우리의 모델이 새로운 데이터에 대해서는 일반화를 제대로 못하고 있음을 보여준다. 이 경우에는 훈련 데이터에 대한 과적합이 발생하는 것으로 보인다. 훈련 데이터에 대한 가장 높은 정확도는 77.29%로, 이것은 배치 크기가 10이고 에포크를 50으로 정했을 때다. 한 환자가 당뇨병이 생길 것을 예측하려는 목적이므로 정확도가 2% 이상 높은 것도 매우 유용하다고 볼 수 있다. 단지 배치 크기와 에포크를 최적화하는 것만으로도 개선된 모델을 얻을 수 있었다.

드롭아웃 정규화를 사용해 과적합 줄이기

모델 최적화를 위해 앞에서 실행한 그리드 탐색에서 얻은 결과를 활용하려고 한다. 이는 테스트 데이터와 비교해서 훈련 데이터에 대해 더 나은 성능을 보여주므로 과적합이

---

1 데이터양이 상대적으로 적고 확률적 방법이 계산에 사용되기 때문이다. – 옮긴이

있는 것으로 보인다. 이제 드롭아웃 정규화를 통해 이런 과적합을 줄여보려고 한다.

첫 단계는 그리드 탐색 코드가 있는 셀의 코드를 복사해 새로운 셀에 붙인다. 코드의 일반적인 구조는 유지하고 몇 개의 매개변수만 바꾸면서 실험해볼 것이다. 추가하거나 수정할 내용은 다음과 같다.

드롭아웃을 위해 keras.layers 모듈에서 Dropout 함수를 임포트한다.

```
from keras.layers import Dropout
```

Adam 최적화 함수에서 학습률 값을 하나의 변수로 대체한다.

이제 create_model() 함수에 learning_rate와 dropout_rate 인자를 추가한다. 왜냐하면 함수를 호출할 때마다 이 변수들을 갖고 호출할 필요가 있기 때문이다. 그래서 create_model() 함수는 create_model (learn_rate, dropout_rate)가 된다.

다음 단계는 입력, 출력, 은닉 레이어 사이에 드롭아웃 레이어를 추가한다. 이렇게 해서 만들어지는 create_model (learn_rate, dropout_rate) 함수는 다음과 같이 된다.

```
# 모델 정의
def create_model(learn_rate, dropout_rate):
    # 케라스 모델 생성
    model = Sequential()
    model.add(Dense(8, input_dim = 8, kernel_initializer='normal',
activation='relu'))
    model.add(Dropout(dropout_rate))
    model.add(Dense(4, input_dim = 8, kernel_initializer='normal',
activation='relu'))
    model.add(Dropout(dropout_rate))
    model.add(Dense(1, activation='sigmoid'))
```

드롭아웃 레이어는 주기적으로 일부 뉴런을 제거해 나머지 뉴런들이 그 부분들을 채우게 된다. 결과적으로 어떤 뉴런이 전체 신경망에서 차지하는 중요도가 너무 올라가는 것을 방지한다. 이렇게 하면 새로운 데이터에 대한 신경망의 일반화 성능을 효과적으로 향상시킬 수 있다.

가장 최선의 시나리오가 배치 크기가 10, 에포크가 50인 경우라는 것을 알기 때문에 KerasClassifier를 약간 수정한다. 다음과 같이 KerasClassifier에 몇 개의 매개변수를 추가한다.

```
# 모델 생성
model = KerasClassifier(build_fn = create_model, epochs = 50, batch_size =
10, verbose = 0)
```

다음으로는 그리드 탐색 매개변수로 넘어가 이번 시나리오에서 필요한 학습률을 정의한다. 학습률은 [0.001, 0.01, 0.1]로 정한다. 드롭아웃 비율은 [0.0, 0.1, 0.2]로 정한다. 이번 그리드 탐색에 사용할 매개변수는 다음과 같다.

학습률은 신경망의 매개변수를 업데이트하는 속도를 조절한다. 가중치에 대한 변화가 너무 크면 알고리듬이 이리저리 흔들거리고 손실값이나 정확도를 얻기 위한 로컬 최솟값을 얻지 못할 수도 있다. 한편 학습률이 너무 크면, 매개변수를 업데이트하면서 학습을 멈추고 원하는 정확도를 얻을 수 있는 지점이 어디인지 알아내지 못할 수도 있다. 드롭아웃은 새로운 데이터에 대한 일반화 능력을 향상시키는 데 사용되는 정규화 기술이다.

```
# 그리드 탐색 매개변수 정의
learn_rate = [0.001, 0.01, 0.1]
dropout_rate = [0.0, 0.1, 0.2]
```

그리드 탐색 매개변수를 파이썬 딕셔너리로 바꾼다.

```
# 그리드 탐색 매개변수를 딕셔너리로 변환
param_grid = dict(learn_rate=learn_rate, dropout_rate=dropout_rate)
```

이제 수정된 그리드 탐색을 실행할 준비를 마쳤다. 수정된 코드는 다음과 같이 된다. 셀을 실행시켜보자. 학습률과 드롭아웃 비율에 대한 조합을 갖고 그리드 탐색이 실행되는 것을 볼 수 있다.

```
# 최적 배치 크기와 에포크를 정하기 위한 그리드 탐색
# 필요한 패키지 임포트
from keras.layers import Dropout  # 임포트 라인에 추가

# 랜덤 시드 정의
seed = 6
np.random.seed(seed)

# 모델 정의
def create_model(learn_rate, dropout_rate): # 학습률과 드롭아웃 비율을 인자로
    # 케라스 모델 생성
    model = Sequential()
    model.add(Dense(8, input_dim = 8, kernel_initializer='normal',
activation='relu'))
    model.add(Dropout(dropout_rate))          # 드롭아웃 레이어 추가
    model.add(Dense(4, input_dim = 8, kernel_initializer='normal',
activation='relu'))
    model.add(Dropout(dropout_rate))          # 드롭아웃 레이어 추가
    model.add(Dense(1, activation='sigmoid'))

    # 모델 컴파일
    adam = Adam(lr = learn_rate)              # 학습률에 대한 변수
    model.compile(loss = 'binary_crossentropy', optimizer = adam, metrics =
['accuracy'])
    return model

# 모델 생성
model = KerasClassifier(build_fn = create_model, epochs = 50,
                        batch_size = 10, verbose = 0)


# 그리드 탐색 매개변수 정의
learn_rate = [0.001, 0.01, 0.1]
dropout_rate = [0.0, 0.1, 0.2]

# 그리드 탐색 매개변수를 딕셔너리로 변환
param_grid = dict(learn_rate=learn_rate, dropout_rate=dropout_rate)

# GridSearchCV 빌드와 적합
grid = GridSearchCV(estimator = model, param_grid = param_grid,
                    cv = KFold(random_state=seed, shuffle=True),
                    verbose = 10)
grid_results = grid.fit(X_standardized, Y)
```

```
# 결과 보고
print("Best: {0}, using {1}".format(grid_results.best_score_, grid_results.
best_params_))
means = grid_results.cv_results_['mean_test_score']
stds = grid_results.cv_results_['std_test_score']
params = grid_results.cv_results_['params']
for mean, stdev, param in zip(means, stds, params):
    print('{0} ({1}) with: {2}'.format(mean, stdev, param))
```

출력이 길어 화면 캡처로 대체한다.[2]

```
[CV 5/5; 8/9] START dropout_rate=0.2, learn_rate=0.01.........................
[CV 5/5; 8/9] END dropout_rate=0.2, learn_rate=0.01;, score=0.795 total time=    1.4s
[CV 1/5; 9/9] START dropout_rate=0.2, learn_rate=0.1..........................
[CV 1/5; 9/9] END dropout_rate=0.2, learn_rate=0.1;, score=0.620 total time=    1.3s
[CV 2/5; 9/9] START dropout_rate=0.2, learn_rate=0.1..........................
[CV 2/5; 9/9] END dropout_rate=0.2, learn_rate=0.1;, score=0.747 total time=    1.2s
[CV 3/5; 9/9] START dropout_rate=0.2, learn_rate=0.1..........................
[CV 3/5; 9/9] END dropout_rate=0.2, learn_rate=0.1;, score=0.769 total time=    1.4s
[CV 4/5; 9/9] START dropout_rate=0.2, learn_rate=0.1..........................
[CV 4/5; 9/9] END dropout_rate=0.2, learn_rate=0.1;, score=0.808 total time=    1.2s
[CV 5/5; 9/9] START dropout_rate=0.2, learn_rate=0.1..........................
[CV 5/5; 9/9] END dropout_rate=0.2, learn_rate=0.1;, score=0.782 total time=    1.2s
Best: 0.7832846522331238, using {'dropout_rate': 0.1, 'learn_rate': 0.01}
0.7654008507728577 (0.043814986914537515) with: {'dropout_rate': 0.0, 'learn_rate': 0.001}
0.7654982209205627 (0.049288688214745066) with: {'dropout_rate': 0.0, 'learn_rate': 0.01}
0.7270042300224304 (0.01786620978107425) with: {'dropout_rate': 0.0, 'learn_rate': 0.1}
0.7704965949058533 (0.045714898485346135) with: {'dropout_rate': 0.1, 'learn_rate': 0.001}
0.7832846522331238 (0.03800762723408878) with: {'dropout_rate': 0.1, 'learn_rate': 0.01}
0.7219733834266663 (0.05411442237054733) with: {'dropout_rate': 0.1, 'learn_rate': 0.1}
0.7577734470367432 (0.050863797254316855) with: {'dropout_rate': 0.2, 'learn_rate': 0.001}
0.7679324865341186 (0.04012359668865049) with: {'dropout_rate': 0.2, 'learn_rate': 0.01}
0.7452125906944275 (0.06550598580298869) with: {'dropout_rate': 0.2, 'learn_rate': 0.1}
```

⁝⁝▶ 최적 초매개변수 찾기

이제 각 뉴런의 끝에 적용되는 가중치에 대한 최적화를 시도해보자.

먼저 '드롭아웃 정규화를 사용해 과적합 줄이기' 절에서 사용한 셀을 복사해 새로운 셀에 붙인다. 전체 코드 구조는 바꾸지 않으며, 일부 매개변수를 바꾸고 탐색을 통해 최적화할 것이다.

앞에서 최적의 학습률과 드롭아웃 비율을 알았기 때문에 이 값을 그대로 사용하려고 한

2　앞에서 설명한 바와 같이 결과는 실행될 때마다 조금씩 달라질 수 있다. – 옮긴이

다. 그리고 드롭아웃 비율이 0일 때 최선의 값을 얻었기에[3] 앞 절에서 사용한 드롭아웃 레이어를 삭제한다. Adam 최적화 함수에서 학습률은 0.001로 고정한다.

여기서는 활성 함수와 초깃값에 대한 최적화를 작업하는 것이므로, create_model() 함수에 이 값들을 인자로 주고, 함수 내부에서 레이어의 kernel_initializer와 activation 매개변수에 대해 이 인자들을 갖고 변수로 정의한다. 이렇게 작업한 결과는 다음과 같다.

```python
# 필요한 패키지 임포트
from keras.layers import Dropout    # 임포트 라인에 추가

# 랜덤 시드 지정
seed = 6
np.random.seed(seed)

# 모델 정의
def create_model(activation, init): # 활성 함수, 초깃값에 대한 인자
    # 모델 생성
    model = Sequential()
    model.add(Dense(8, input_dim = 8, kernel_initializer= init, activation=
activation))
    model.add(Dense(4, input_dim = 8, kernel_initializer= init, activation=
activation))
    model.add(Dense(1, activation='sigmoid'))

    # 모델 컴파일
    adam = Adam(lr = 0.001)
    model.compile(loss = 'binary_crossentropy', optimizer = adam, metrics =
['accuracy'])
    return model

# 모델 생성
# 두 개의 매개변수 생성
model = KerasClassifier(build_fn = create_model, epochs = 100, batch_size =
20, verbose = 0)

# 그리드 탐색 매개변수 지정
learn_rate = [0.001, 0.01, 0.1]
```

---

3   그런 실행 결과도 나올 수 있다. 여기서는 그렇게 가정하고 넘어가자. ─ 옮긴이

```
dropout_rate = [0.0, 0.1, 0.2]

# 그리드 탐색 매개변수를 딕셔너리로 변환
param_grid = dict(learn_rate=learn_rate, dropout_rate=dropout_rate)

# GridSearchCV 빌드와 적합
grid = GridSearchCV(estimator = model, param_grid = param_grid, cv =
KFold(random_state=seed, shuffle=True), verbose = 10)
grid_results = grid.fit(X_standardized, Y)
```

이제 그리드 탐색 매개변수를 정한다. 활성화 함수 파라미터로 ['softmax', 'relu', 'tanh', 'linear']를 사용하고 초깃값 매개변수로 ['uniform', 'normal', 'zero']를 사용했다.

```
# 그리드 탐색 매개변수 정의
activation = ['softmax', 'relu', 'tanh', 'linear']
init = ['uniform', 'normal', 'zero']
```

이 값을 create_model() 함수로 넘겨 사용할 것이다.

이제 dict() 함수를 사용해 매개변수를 파이썬 딕셔너리로 바꾼다.

```
param_grid = dict(activation = activation, init = init)
```

지금까지의 코드를 정리하면 다음과 같다. 이를 실행해 그리드 탐색을 수행한다.

```
# activation, init 그리드 탐색

# 랜덤 시드 지정
seed = 6
np.random.seed(seed)

# 모델 정의
def create_model(activation, init):  # 인자 지정
    # 모델 생성
    model = Sequential()
    model.add(Dense(8, input_dim = 8, kernel_initializer= init, activation=
activation))
```

```python
    model.add(Dense(4, input_dim = 8, kernel_initializer= init, activation=
activation))
    model.add(Dense(1, activation='sigmoid'))

    # 모델 컴파일
    adam = Adam(lr = 0.001)    # 학습률을 하드코딩함
    model.compile(loss = 'binary_crossentropy', optimizer = adam, metrics =
['accuracy'])
    return model

# 모델 생성
model = KerasClassifier(build_fn = create_model, epochs = 100,
                        batch_size = 20, verbose = 0)

# 그리드 탐색 매개변수 정의
activation = ['softmax', 'relu', 'tanh', 'linear']
init = ['uniform', 'normal', 'zero']

# 그리드 탐색 매개변수를 딕셔너리로 변환
param_grid = dict(activation = activation, init = init)

# GridSearchCV 빌드와 적합
grid = GridSearchCV(estimator = model, param_grid = param_grid,
                    cv = KFold(random_state=seed, shuffle=True), verbose =
10)
grid_results = grid.fit(X_standardized, Y)

# 결과 보고
print("Best: {0}, using {1}".format(grid_results.best_score_, grid_results.
best_params_))
means = grid_results.cv_results_['mean_test_score']
stds = grid_results.cv_results_['std_test_score']
params = grid_results.cv_results_['params']
for mean, stdev, param in zip(means, stds, params):
    print('{0} ({1}) with: {2}'.format(mean, stdev, param))
```

출력이 길어 화면 캡처로 대체한다. 결과가 이와 똑같지 않을 수 있다는 점에 유의하자.

```
[CV 5/5; 11/12] START activation=linear, init=normal.........................
[CV 5/5; 11/12] END activation=linear, init=normal;, score=0.782 total time=   1.2s
[CV 1/5; 12/12] START activation=linear, init=zero.........................
[CV 1/5; 12/12] END activation=linear, init=zero;, score=0.620 total time=   1.1s
[CV 2/5; 12/12] START activation=linear, init=zero.........................
[CV 2/5; 12/12] END activation=linear, init=zero;, score=0.658 total time=   1.1s
[CV 3/5; 12/12] START activation=linear, init=zero.........................
[CV 3/5; 12/12] END activation=linear, init=zero;, score=0.692 total time=   1.5s
[CV 4/5; 12/12] START activation=linear, init=zero.........................
[CV 4/5; 12/12] END activation=linear, init=zero;, score=0.692 total time=   1.2s
[CV 5/5; 12/12] START activation=linear, init=zero.........................
[CV 5/5; 12/12] END activation=linear, init=zero;, score=0.679 total time=   1.2s
Best: 0.7858487486839294, using {'activation': 'linear', 'init': 'uniform'}
0.7629016399383545 (0.042878016062870124) with: {'activation': 'softmax', 'init': 'uniform'}
0.775689709186554 (0.04353479280988415) with: {'activation': 'softmax', 'init': 'normal'}
0.6685167193412781 (0.027157343185035612) with: {'activation': 'softmax', 'init': 'zero'}
0.7577085256576538 (0.04973729553660001) with: {'activation': 'relu', 'init': 'uniform'}
0.7552417993545533 (0.03793172829934406) with: {'activation': 'relu', 'init': 'normal'}
0.6685167193412781 (0.027157343185035612) with: {'activation': 'relu', 'init': 'zero'}
0.7781888961791992 (0.03741454347907259) with: {'activation': 'tanh', 'init': 'uniform'}
0.7781889081001282 (0.0382830820022173) with: {'activation': 'tanh', 'init': 'normal'}
0.6685167193412781 (0.027157343185035612) with: {'activation': 'tanh', 'init': 'zero'}
0.7858487486839294 (0.03454415334118797) with: {'activation': 'linear', 'init': 'uniform'}
0.7858487486839294 (0.03454415334118797) with: {'activation': 'linear', 'init': 'normal'}
0.6685167193412781 (0.027157343185035612) with: {'activation': 'linear', 'init': 'zero'}
```

결과를 보면 linear 활성화 함수가 uniform 초기화 함수와 함께 사용됐을 때 최적의 성능을 보여준다.[4] 다음 절에서 뉴런의 개수를 최적화하는 데 이 정보를 사용할 수 있다.

∷ 뉴런의 개수 최적화

여기서는 레이어의 뉴런 개수를 최적화해보자. 이전 절과 비슷한 방법으로 작업할 것이다.

앞의 '최적 초매개변수 찾기' 절에서 사용한 셀의 코드를 복사해 새로운 셀로 붙인다. 이 셀에서 변수들을 조정해보면서 뉴런의 개수를 바꿔보는 실험을 할 것이다.

은닉 레이어에 있는 뉴런의 개수는 neuron1, neuron2와 같은 변수로 바꾼다. 그리고 이들 변수를 create_model() 함수의 인자로 지정해 함수를 호출할 때마다 이 값들을 바꿔서 실행할 수 있게 한다.

kernel_initialize와 activation 값은 linear, uniform으로 정한다. 앞에서 이 조합에 대한 모델의 성능이 가장 우수했기 때문이다.

---

4 원서에서는 tanh, normal 조합이 가장 좋았다고 했는데, 옮긴이가 여러 번 실행해봤을 때는 linear, uniform이 가장 좋다. 따라서 이 값을 다음 절에도 사용한다. – 옮긴이

그리고 그리드 탐색 매개변수로 neuron1에 [4, 8, 16]을, neuron2에 [2, 4, 8] 값을 지정한다. 그리고 나서 이 값을 딕셔너리로 바꾼다.

마지막 단계로, 모델을 학습하기 전에 GridSearchCV() 함수에 refit = True 인자를 추가한다. 이렇게 하면 모델이 우리가 발견한 최적의 매개변수를 유지하도록 만든다. 그 결과를 grid 변수에 할당한다.

이렇게 얻어진 다음 코드를 실행시켜보자.

```
# 은닉 레이어의 뉴런의 최적 개수를 찾기 위한 그리드 탐색

# 랜덤 시드 설정
seed = 6
np.random.seed(seed)

# 모델 정의
def create_model(neuron1, neuron2):
    # 케라스 모델 생성
    model = Sequential()
    model.add(Dense(neuron1, input_dim = 8,
                    kernel_initializer= 'uniform',
                    activation= 'linear'))
    model.add(Dense(neuron2, input_dim = neuron1,
                    kernel_initializer= 'uniform',
                    activation= 'linear'))
    model.add(Dense(1, activation='sigmoid'))

    # 모델 컴파일
    adam = Adam(lr = 0.001)
    model.compile(loss = 'binary_crossentropy',
                  optimizer = adam,
                  metrics = ['accuracy'])
    return model

# 모델 생성
model = KerasClassifier(build_fn = create_model,
                        epochs = 100, batch_size = 20, verbose = 0)

# 그리드 탐색 매개변수 설정
neuron1 = [4, 8, 16]
neuron2 = [2, 4, 8]
```

```
# 그리드 탐색 매개변수를 딕셔너리로 변환
param_grid = dict(neuron1 = neuron1, neuron2 = neuron2)

# GridSearchCV 빌드와 적합
grid = GridSearchCV(estimator = model,
                    param_grid = param_grid,
                    cv = KFold(random_state=seed, shuffle=True),
                    refit = True,
                    verbose = 10)
grid_results = grid.fit(X_standardized, Y)

# 결과 보고
print("Best: {0}, using {1}".format(grid_results.best_score_, grid_results.
best_params_))
means = grid_results.cv_results_['mean_test_score']
stds = grid_results.cv_results_['std_test_score']
params = grid_results.cv_results_['params']
for mean, stdev, param in zip(means, stds, params):
    print('{0} ({1}) with: {2}'.format(mean, stdev, param))
<string>:1: DeprecationWarning: KerasClassifier is deprecated, use Sci-
Keras (https://github.com/adriangb/scikeras) instead.
Fitting 5 folds for each of 9 candidates, totalling 45 fits
[CV 1/5; 1/9] START neuron1=4, neu
ron2=2.....................................
[CV 1/5; 1/9] END ........neuron1=4, neuron2=2;, score=0.785 total time=
7.5s
[CV 2/5; 1/9] START neuron1=4, neu

......중간 생략

Best: 0.7884128570556641, using {'neuron1': 16, 'neuron2': 4}
0.7833171010017395 (0.03406026929476505) with: {'neuron1': 4, 'neuron2': 2}
0.7858487606048584 (0.033579049025109) with: {'neuron1': 4, 'neuron2': 4}
0.7858487486839294 (0.034544415334118797) with: {'neuron1': 4, 'neuron2': 8}
0.7832846522331238 (0.033328030952820975) with: {'neuron1': 8, 'neuron2': 2}
0.7858487486839294 (0.034544415334118797) with: {'neuron1': 8, 'neuron2': 4}
0.7858487486839294 (0.034544415334118797) with: {'neuron1': 8, 'neuron2': 8}
0.7858487486839294 (0.034544415334118797) with: {'neuron1': 16, 'neuron2':
2}
0.7884128570556641 (0.034642788843363075) with: {'neuron1': 16, 'neuron2':
4}
0.7884128570556641 (0.034642788843363075) with: {'neuron1': 16, 'neuron2':
8}
```

최적 조합이 어떤 것인지 확인하자.[5] 이 값을 갖고 모델을 재학습시킬 수 있다.

⁙ 최적의 초매개변수를 사용해 예측하기

이제 그리드 탐색법으로 최적의 초매개변수를 알았으며, 이 값들을 당뇨병의 발병을 예측하는 데 사용할 수 있다. 다음 절차를 수행한다.

다음 코드와 같이 predict() 함수를 사용해 데이터셋의 모든 사례에 대해 당뇨병이 발생할지를 예측해보자.

```
# 최적 초매개변수를 갖고 예측값 생성
import numpy as np
y_pred = grid.predict(X_standardized)
```

다음 코드와 같이 예측값의 형태shape를 알아보자.

```
print(y_pred.shape)
(392, 1)
```

392개의 행에 한 개의 열을 갖고 있다.

처음 다섯 개의 행을 둘러보자.

```
print(y_pred[:5])
[[0]
 [1]
 [0]
 [1]
 [1]]
```

분류 보고서다. 분류 보고서를 사용하면, 예측에 대한 정확도를 확인하고 결과를 더욱더 잘 이해할 수 있다.

---

5   이 결과는 실행할 때마다 바뀔 수 있다. – 옮긴이

```
from sklearn.metrics import classification_report, accuracy_score
print(accuracy_score(Y, y_pred))
0.7831632653061225
print(classification_report(Y, y_pred))
              precision    recall  f1-score   support

           0       0.81      0.89      0.85       262
           1       0.72      0.57      0.64       130

    accuracy                           0.78       392
   macro avg       0.76      0.73      0.74       392
weighted avg       0.78      0.78      0.78       392
```

출력된 결과를 보면, 신경망을 통해 약 78%의 정확도로 환자가 당뇨병이 발생할지 여부를 예측할 수 있다. 정밀도precision는 거짓 양성을 반영한다. 음성 샘플에 대한 정밀도가 72%인데, 일부 거짓 양성이 발생했다는 의미로 그다지 좋은 소식은 아니다.

재현율recall은 분류자가 양성 샘플을 발견하는 능력을 의미한다. 이 값을 보면 거짓 음성이 있을 수 있다는 것을 시사한다. 실은 상당수의 거짓 음성 사례가 있는데, 건강한 사람을 당뇨로 잘못 판단하는 것을 원하지는 않으므로 그다지 나쁘지 않다. 그렇지만 이와 동시에 실제 당뇨를 가진 사람을 많이 놓치고 있다.

서포트support는 각 클래스에 해당되는 사례의 개수를 의미한다. 262명이 건강할 것으로 예측됐고, 130명이 당뇨가 발생할 것으로 예측됐다.

보너스

어떤 환자가 당뇨가 발생할지 아닐지를 예측하는 한 사례를 살펴보자. 이렇게 하면 한 환자에 대한 데이터가 판다스 시리즈로 출력된다.

먼저 다음 코드로 하나의 사례를 뽑는다.

```
example = df.iloc[1]
print(example)
n_pregnant              0.000
```

```
glucose_concentration        137.000
blood_pressure (mm Hg)        40.000
skin_thickness (mm)           35.000
serum_insulin (mu U/ml)      168.000
BMI                           43.100
pedigree_function              2.288
age                           33.000
class                          1.000
Name: 4, dtype: float64
```

이제 최적화된 딥 신경망을 사용해 예측해보자.

```
prediction = grid.predict(X_standardized[1].reshape(1, -1))
print(prediction)
[[1]]
```

보다시피 이 환자가 당뇨를 가질 것으로 비교적 정확하게 예측한다.

⁑ 요약

이 장에서는 케라스를 사용해 딥러닝 신경망을 만들고, 사이킷런 그리드 탐색법을 사용해 최적의 초매개변수를 찾아봤다. 그리고 초매개변수를 조정해 신경망을 최적화하는 방법을 배웠다. 모두가 똑같은 결과를 얻지 못했을 수도 있지만, 대체로 비슷한 예측값을 얻을 수 있었다면 우리의 모델이 비교적 성공적이라고 생각할 수 있다. 새로운 데이터로 학습시키거나 다른 데이터셋으로 다른 문제를 접했을 때도 이와 비슷한 과정을 통해 문제를 해결할 수 있을 것이다. 이 장에서는 딥러닝과 초매개변수 최적화 방법을 배웠고, 이를 신경망에 적용해 당뇨병 환자 데이터에서 당뇨병의 발병을 예측하는 데 응용할 수 있었다.

다음 장에서는 머신러닝을 사용해 DNA를 분류하는 방법을 살펴본다.

03

DNA 분류하기

이 장에서는 생물정보학의 세계를 탐구한다. 마르코프 모델Markov model, K-근접 이웃 K-nearest neighbors algorithm, 서포트 벡터 머신support vector machine 같은 분류기를 사용해 대장균 DNA 염기서열을 분류해볼 것이다. UCI 머신러닝 데이터 저장소에 있는 106개의 DNA 염기서열 데이터를 이용하며, 각각은 57개의 염기서열을 갖고 있다. 데이터를 로딩한 다음 텍스트 데이터를 숫자형 데이터로 변환하고, 분류 알고리듬을 만들어 학습시키고, 머신러닝 알고리듬들의 성능을 서로 비교해볼 것이다.

이 장에서는 다음 주제를 다룬다.

- DNA 염기서열 분류

- 데이터 전처리

⋮⋮⋮ DNA 염기서열 분류

다음과 같은 절차에 따라 DNA 염기서열을 분류한다.

항상 그렇듯, 처음 단계는 필요한 라이브러리와 모듈을 임포트하고 그 버전을 확인하는 것이다. 다음 코드를 사용한다.

```
import sys
import numpy
import sklearn
import pandas

print('Python: {}'.format(sys.version))
Python: 3.9.7 | packaged by conda-forge | (default, Sep 29 2021, 19:26:22)
[Clang 11.1.0 ]
print('Numpy: {}'.format(numpy.__version__))
Numpy: 1.19.5
print('Sklearn: {}'.format(sklearn.__version__))
Sklearn: 1.0.2
print('Pandas: {}'.format(pandas.__version__))
Pandas: 1.3.5
```

그다음에는 UCI 머신러닝 데이터 저장소 https://archive.ics.uci.edu/ml/machine-learning-databases/molecular-biology/promoter-gene-sequences/에서 분자 생물학(프로모터 유전자 염기서열) 데이터셋을 가져온다. 그리고 데이터셋에 열 이름 Class, id, Sequence를 부여한다.

```
import numpy as np
import pandas as pd
url = 'https://archive.ics.uci.edu/ml/machine-learning-databases/molecular-
biology/promoter-gene-sequences/promoters.data'
names = ['Class', 'id', 'Sequence']
data = pd.read_csv(url, names = names)
```

iloc[] 메서드를 사용해 첫 번째 인스턴스를 출력해보면 다음과 같다.

```
print(data.iloc[0])
Class                                                                 +
id                                                                  S10
Sequence          \t\ttactagcaatacgcttgcgttcggtggttaagtatgtataat...
Name: 0, dtype: object
```

결과를 보면 염기서열 앞에 \t가 있는 것을 알 수 있다. 이는 원래 CSV 파일에서 모든
염기서열 앞에 하나 혹은 두 개의 탭 문자가 있고, 이것을 그대로 가져왔기 때문이다.

데이터 전처리

판다스 데이터프레임을 사용해 데이터셋을 구성한다. 여기서는 임포트한 정보를 바탕
으로 데이터프레임을 재정의할 것이다. 데이터프레임을 구성하는 하나의 열을 시리즈
series라고 한다. data.loc[] 메서드를 사용해 각 열에 대한 시리즈를 만들고, 처음 다섯
개의 클래스 값을 출력해본다.

```
classes = data.loc[:, 'Class']
print(classes[:5])
0    +
1    +
2    +
3    +
4    +
Name: Class, dtype: object
```

처음 다섯 개의 사례를 보면, Class라는 열에 플러스(+) 또는 마이너스(-)라는 값이 들어있
음을 알 수 있다. 플러스(+)는 프로모터promotor임을 의미하고, 마이너스(-)는 프로모터가
아님을 의미한다.

DNA 염기서열 생성

다음은 DNA 염기서열로 구성된 데이터셋을 만드는 과정이다.

먼저 DNA 염기서열로 구성된 리스트를 생성한다. 리스트에 들어있는 염기서열을 하나씩 순환하면서, 각 염기서열을 개별 뉴클레오타이드^{nucleotide}로 나눈다. 이 값을 알고리듬의 입력으로 사용하려고 하기 때문이다.

탭 문자열을 삭제하고, 클래스 값을 추가하고, 데이터셋에 뉴클레오타이드 데이터를 추가한다. 다음 코드와 같이 실행한다.

```python
# DNA 염기서열이 들어갈 리스트 만들기
sequences = list(data.loc[:, 'Sequence'])
dataset = {}

# 염기서열을 순회하면서 개별 뉴클레오타이드로 분리
for i, seq in enumerate(sequences):
    # 뉴클레오타이드로 나누고 탭 문자열을 제거
    nucleotides = list(seq)
    nucleotides = [x for x in nucleotides if x != '\t']

    # 앞에서 만든 classes 시리즈에 값을 가져와서 끝에 추가
    nucleotides.append(classes[i])

    # 데이터셋에 추가
    dataset[i] = nucleotides

print(dataset[0])
['t', 'a', 'c', 't', 'a', 'g', 'c', 'a', 'a', 't', 'a', 'c', 'g', 'c', 't',
 't', 'g', 'c', 'g', 't', 't', 'c', 'g', 'g', 't', 'g', 'g', 't', 't', 'a',
 'a', 'g', 't', 'a', 't', 'g', 't', 'a', 't', 'a', 'a', 't', 'g', 'c', 'g',
 'c', 'g', 'g', 'g', 'c', 't', 't', 'g', 't', 'c', 'g', 't', '+']
```

데이터셋을 보면, 각 열에는 개별 뉴클레오타이드 값들이 들어가 있다. 뉴클레오타이드에는 티이민(t), 아데닌(a), 사이토신(c), 구아닌(g)이 있다. 그리고 마지막에는 클래스 값 + 또는 -가 들어있다.

이 데이터를 다시 데이터프레임으로 만들고 출력한다. 이 데이터프레임은 58개의 행과 106개의 열로 구성돼 있다.

```python
dframe = pd.DataFrame(dataset)
print(dframe)
```

	0	1	2	3	4	5	6	7	8	...	97	98	99	100	101	102	103	104	105
0	t	t	g	a	t	a	c	t	c	...	c	t	a	g	c	g	c	c	t
1	a	g	t	a	c	g	a	t	g	...	g	a	g	a	c	t	g	t	a
2	c	c	a	t	g	g	g	t	a	...	c	t	a	g	t	a	c	c	a
3	t	t	c	t	a	g	g	c	c	...	t	g	g	a	c	t	g	g	c
4	a	a	t	g	t	g	g	t	t	...	a	a	g	g	a	t	a	t	a
5	g	t	a	t	a	c	g	a	t	...	g	c	g	c	a	c	c	c	t
6	c	c	g	g	a	a	g	c	a	...	g	c	t	a	t	t	t	c	t
7	a	c	a	a	t	a	t	a	a	...	a	g	g	t	g	c	a	t	a
8	a	t	g	t	t	g	g	a	t	...	c	a	t	g	g	a	c	c	a
9	t	g	a	g	a	g	g	a	a	...	t	a	a	t	c	a	g	a	t
10	a	a	a	t	a	a	a	a	t	...	t	c	c	c	c	c	a	a	a
11	c	c	c	g	c	g	g	c	a	...	t	g	t	a	t	a	t	t	a
12	g	a	t	t	t	g	g	a	c	...	c	a	c	g	c	a	g	g	a
13	c	g	a	a	a	a	c	t		...	t	g	c	c	t	g	a	g	t
14	t	t	g	t	t	t	t	t	g	...	t	t	a	c	a	a	g	c	a
15	t	t	t	c	t	g	t	t	c	...	g	c	a	t	a	t	a	c	a
16	g	g	g	g	g	g	t	g	g	...	t	a	g	c	a	t	t	t	g
17	c	t	c	a	a	a	a	a		...	t	a	a	g	c	a	g	c	g
18	g	c	a	a	c	a	a	t	c	...	g	t	a	a	g	a	c	t	a
19	t	a	t	g	g	a	g	a	a	...	a	c	g	c	g	c	c	a	g
20	t	c	t	t	a	g	c	c	g	...	t	a	a	a	g	c	t	a	g
21	c	g	a	g	a	a	c	t	g	...	t	g	g	a	t	g	g	a	c
22	g	c	g	t	a	g	a	g	a	...	t	a	g	c	c	a	a	c	t
23	g	t	c	g	a	g	t	t	c	...	t	c	a	t	t	c	g	g	c
24	t	g	t	t	g	t	c	a	g	...	c	c	a	t	t	a	t	g	t
25	g	a	t	t	c	t	t	t	t	...	c	g	g	g	g	g	g	g	a
26	g	t	a	g	t	g	c	g	c	...	a	c	a	c	a	a	c	t	a
27	t	t	t	c	g	c	c	a	c	...	t	t	t	a	g	t	t	c	t
28	t	g	t	g	a	c	t	g	g	...	g	t	g	t	g	t	t	t	g
29	a	g	t	g	a	g	g	c	t	...	c	t	a	a	g	c	c	t	g
30	a	t	t	a	a	t	a	a	t	...	g	g	g	a	g	a	c	g	c
31	g	g	t	g	a	a	t	t	c	...	g	a	g	a	t	a	g	a	a
32	t	t	t	t	c	t	g	a	t	...	t	c	c	t	t	t	t	g	c
33	a	c	t	a	c	a	a	c	g	...	g	t	t	g	t	c	t	g	t
34	t	g	g	g	a	a	c	a	t	...	t	c	a	c	t	t	a	g	c
35	g	t	t	a	c	a	g	g	g	...	t	t	g	t	t	c	c	g	a
36	t	t	t	t	t	g	c	t	t	...	t	g	a	t	t	g	t	t	t
37	a	a	a	g	a	a	a	a	a	...	t	g	c	t	g	t	g	t	t
38	t	c	t	t	g	a	t	t	a	...	g	t	g	c	c	g	g	t	a
39	a	a	c	t	a	a	a	a	a	...	c	a	t	t	t	g	a	t	g
40	a	a	a	a	a	c	g	a	t	...	g	t	c	t	g	a	t	t	c
41	t	t	t	g	t	t	t	t	c	...	c	t	t	g	a	t	t	c	

```
42  g  c  g  a  g  a  c  t  g  ...  a  a  c  t  a  g  g  g  a
43  c  t  c  a  c  g  a  g  c  ...  a  c  t  a  a  g  t  c  a
44  g  a  t  t  g  a  g  c  a  ...  t  t  g  g  g  a  c  t  t
45  c  a  a  a  c  g  c  t  a  ...  g  g  c  a  g  c  a  g  c
46  g  c  a  c  c  t  c  t  t  ...  t  t  a  c  a  g  c  a  a
47  g  g  c  t  t  c  c  c  g  ...  t  g  t  g  g  t  c  a  a
48  g  c  c  a  c  c  a  a  a  ...  a  a  g  t  g  t  a  a  t
49  c  a  a  a  c  g  t  a  a  ...  a  a  g  g  a  c  a  g  c
50  t  t  c  c  g  t  c  c  a  ...  t  c  a  c  a  a  g  g  a
51  t  c  c  a  t  t  a  a  t  ...  c  a  g  c  c  a  g  a  a
52  g  g  c  a  g  t  t  g  g  ...  g  t  t  c  t  c  c  g  g
53  t  c  g  a  g  a  g  a  g  ...  c  t  a  t  a  a  t  g  a
54  c  c  g  c  t  g  a  a  t  ...  t  a  t  a  t  t  a  a  a
55  g  a  c  t  a  g  a  c  t  ...  t  t  g  c  a  t  c  a  c
56  t  a  g  c  g  t  t  a  t  ...  t  t  a  g  t  g  c  c  t
57  +  +  +  +  +  +  +  +  +  ...  -  -  -  -  -  -  -  -  -

[58 rows x 106 columns]
```

결과를 보면, 원래의 데이터와는 반대 방향으로 값들이 정리돼 있음을 알 수 있다.

이제 행과 열을 transpose() 함수를 사용해 전치하고, 처음 다섯 개의 인스턴스를 출력해보자.

```
df = dframe.transpose()
print(df.iloc[:5])
   0  1  2  3  4  5  6  7  8  9  10 11 12  ...  45 46 47 48 49 50 51 52 53 54
55 56 57
0  t  a  c  t  a  g  c  a  a  t  a  c  g  ...  c  g  g  g  c  t  t  g  t  c
g  t  +
1  t  g  c  t  a  t  c  c  t  g  a  c  a  ...  a  c  g  c  a  t  c  g  c  c
a  a  +
2  g  t  a  c  t  a  g  a  g  a  a  c  t  ...  a  a  c  c  a  c  c  c  g  g
c  g  +
3  a  a  t  t  g  t  g  a  t  g  t  g  t  ...  a  c  t  a  a  c  a  a  a  c
t  c  +
4  t  c  g  a  t  a  a  t  t  a  a  c  t  ...  c  c  t  c  c  g  t  g  g  t
a  g  +

[5 rows x 58 columns]
```

이제 각 인스턴스는 하나의 행으로 58개의 열을 갖게 됐다. 57개는 뉴클레오타이드이고 하나는 클래스에 대한 것이다. 클래스는 + 또는 -로 표시돼 있다.

혼란을 피하기 위해 마지막 열의 이름을 Class로 바꾸고, 제대로 됐는지 처음 다섯 개의 인스턴스를 출력해 확인한다.

```
df.rename(columns = {57: 'Class'}, inplace = True)
print(df.iloc[:5])
   0 1 2 3 4 5 6 7 8 9 10 11  ... 46 47 48 49 50 51 52 53 54 55 56
Class
0 t a c t a g c a a t a c ... g g g c t t g t c g t
+
1 t g c t a t c c t g a c ... c g c a t c g c c a a
+
2 g t a c t a g a g a a c ... a c c a c c c g g c g
+
3 a a t t g t g a t g t g ... c t a a c a a a c t c
+
4 t c g a t a a t t a a c ... c t c c g t g g t a g
+

[5 rows x 58 columns]
```

이제 뉴클레오타이드 열 57개와 마지막 Class 열이 있게 된다.

df.describe() 메서드를 사용해 데이터에 대해 좀 더 알아보자. 이 함수는 데이터에 대한 기본 통계 정보를 알려준다.

```
df.describe()
        0    1    2    3    4    5    6 ...   51   52   53   54   55
56 Class
count  106  106  106  106  106  106  106 ...  106  106  106  106  106
106    106
unique  4    4    4    4    4    4    4 ...   4    4    4    4    4
4      2
top     t    a    a    c    a    a    a ...   t    t    c    c    c
t      +
freq   38   34   30   30   36   42   38 ...   33   35   32   29   29
34     53
```

```
[4 rows x 58 columns]
```

결과를 보면 원래의 행이 열 이름으로 들어가 있고, 각각의 열에는 네 종류의 뉴클레오타이드가 들어있으므로 고유한 값이 4로 표시된다. top 행에는 각 위치에서 가장 많은 빈도로 나오는 뉴클레오타이드가 표시돼 있고, freq 행에는 그 빈도가 표시돼 있다. 그리고 프로모터가 아닌 것이 53개이므로, 프로모터인 경우가 53개로서 50 대 50으로 데이터가 나뉘어져 있음을 확인할 수 있다. 그런데 프로모터인지 아닌지를 표시하는 +, - 값을 숫자로 변환시킬 필요가 있다. 그리고 각 염기서열 값들의 개수를 계산해보면 데이터를 좀 더 잘 이해할 수 있다. 다음 코드를 실행한다.

```
series = []
for name in df.columns:
    series.append(df[name].value_counts())

info = pd.DataFrame(series)
details = info.transpose()
print(details)
            0     1     2     3     4     5  ...    52    53    54    55    56
Class
t        38.0  26.0  27.0  26.0  22.0  24.0  ...  35.0  30.0  23.0  29.0  34.0
NaN
c        27.0  22.0  21.0  30.0  19.0  18.0  ...  21.0  32.0  29.0  29.0  17.0
NaN
a        26.0  34.0  30.0  22.0  36.0  42.0  ...  25.0  22.0  26.0  24.0  27.0
NaN
g        15.0  24.0  28.0  28.0  29.0  22.0  ...  25.0  22.0  28.0  24.0  28.0
NaN
+         NaN   NaN   NaN   NaN   NaN   NaN  ...   NaN   NaN   NaN   NaN   NaN
53.0
-         NaN   NaN   NaN   NaN   NaN   NaN  ...   NaN   NaN   NaN   NaN   NaN
53.0

[6 rows x 58 columns]
```

결과를 보면 클래스가 숫자로 표시돼 있지 않다는 것을 알 수 있다. + 또는 - 값으로 돼 있으며, 각 경우마다 값들의 빈도를 확인할 수 있다. 처음 57개 열에는 +, - 값이 없다.

뉴클레오타이드 값만 갖고 있으므로 당연하다. 결과를 쭉 보면, 비교적 뉴클레오타이드의 빈도가 고르게 분포하고 있음을 알 수 있다.

또한 모든 열에서 Class 열의 레이블인 +/- 값에 대한 값도 갖고 있다. 이런 것을 보면, 우리 데이터셋에는 결측값이 없다는 사실이 확인된다. 이제 데이터들을 숫자형 데이터로 변환시키는 작업을 해보자.

숫자형 데이터로 바꾸기 위해 pd.get_dummies() 함수를 사용한다. 이렇게 만들어진 새로운 데이터프레임의 이름을 numerical_df라고 한다. 처음 다섯 개의 행을 출력해보면 다음과 같다.

```
numerical_df = pd.get_dummies(df)
numerical_df.iloc[:5]
   0_a  0_c  0_g  0_t  1_a  1_c  ...  56_a  56_c  56_g  56_t  Class_+  Class_-
0    0    0    0    1    1    0  ...     0     0     0     1        1        0
1    0    0    0    1    0    0  ...     1     0     0     0        1        0
2    0    0    1    0    0    0  ...     0     0     1     0        1        0
3    1    0    0    0    1    0  ...     0     1     0     0        1        0
4    0    0    0    1    0    1  ...     0     0     1     0        1        0

[5 rows x 230 columns]
```

pd.get_dummies() 함수가 가변수(더미 변수dummy variable)를 만드는 방법을 이해할 필요가 있다. 생성된 가변수들의 이름은 열 번호와 해당 값을 밑줄로 연결시켜 만들어진다. 이를테면 원래의 열 0은 네 개의 뉴클레오타이드 값을 조합시켜 0_a, 0_c, 0_g, 0_t라는 네 개의 열로 펼쳐진다. 행 0, 1, 2, 3, 4는 위치를 의미한다. 이렇게 만들어지는 5 × 4 셀에 처음에는 모두 0을 채우고, 원래의 데이터 값을 보면서 그 값에 해당하는 위치는 1 값으로 바꾼다. 예를 들어, 첫 번째 케이스의 첫 번째 열은 't'이므로 첫 번째 행의 0_t의 값은 1이 된다. 만약 'g'였으면 0_g의 값이 1이 되고, 나머지는 0으로 채워진다. 다음 그림을 참고한다.

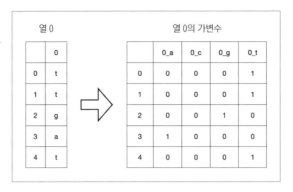

가변수가 만들어지는 원리

이렇게 가변수로 바꾸면, 모든 값이 0 또는 1 값으로 구성된 이진 값이 된다.

끝을 보면 Class_+, Class_- 열이 있다. 이것은 약간 정보 과잉이다. 처음 클래스를 알고 있다면, 두 번째는 자동으로 결정되기 때문이다. 그래서 Class 열을 하나 삭제하고 남은 열을 Class라 명명한다.

```
df = numerical_df.drop(columns=['Class_-'])
df.rename(columns = {'Class_+': 'Class'}, inplace = True)
print(df.iloc[:5])
   0_a 0_c 0_g 0_t 1_a 1_c 1_g ... 55_g 55_t 56_a 56_c 56_g
56_t  Class
0    0   0   0   1   1   0   0 ...    1    0    0    0    0
1     1
1    0   0   0   1   0   0   1 ...    0    0    1    0    0
0     1
2    0   0   1   0   0   0   0 ...    0    0    0    0    1
0     1
3    1   0   0   0   1   0   0 ...    0    1    0    1    0
0     1
4    0   0   0   1   0   1   0 ...    0    0    0    0    1
0     1

[5 rows x 229 columns]
```

결과를 보면 마지막 열이 Class로 바뀐 것이 확인된다. 그런데 이제 +/- 값은 없고, 0 또는 1 값을 가진다. 1은 프로모터임을 나타내고, 0은 프로모터가 아님을 의미한다.

이제 61번째 값을 출력해보자.

```
print(df.iloc[60])
0_a        0
0_c        0
0_g        1
0_t        0
1_a        1
          ..
56_a       1
56_c       0
56_g       0
56_t       0
Class      0
Name: 60, Length: 229, dtype: uint8
```

위 경우 Class 값은 0으로, 이것은 프로모터가 아니다. 전체 229개의 열이 있고, 228개는 뉴클레이타이드에 관한 것이다(57 x 4). 이렇게 해서 원래의 정보는 유지하면서도 텍스트 정보를 가변수로 바꾸는 방법으로, 머신러닝에 사용할 수 있도록 모든 값을 숫자로 변환시킨 새로운 데이터셋을 얻을 수 있었다.

이제 본격적인 머신러닝 작업을 시작할 준비를 마쳤다. 그 첫 단계는 데이터셋을 훈련 데이터와 테스트 데이터로 나누는 것이다.

머신러닝을 이용한 염기서열 분류

다음과 같은 절차에 따라 데이터셋을 분리한다.

먼저 sklearn 라이브러리에서 필요한 알고리듬을 임포트한다.

```
from sklearn.neighbors import KNeighborsClassifier
from sklearn.neural_network import MLPClassifier
from sklearn.gaussian_process import GaussianProcessClassifier
from sklearn.gaussian_process.kernels import RBF
from sklearn.tree import DecisionTreeClassifier
from sklearn.ensemble import RandomForestClassifier, AdaBoostClassifier
```

```
from sklearn.naive_bayes import GaussianNB
from sklearn.svm import SVC
from sklearn.metrics import classification_report, accuracy_score
```

NOTE

이 알고리듬들에 대한 정보는 http://scikit-learn.org/stable/에 있는 sklearn 문서를 참고한다.

sklearn에서 model_selection 모듈을 임포트하고 재현성을 위해 랜덤 시드를 정한다. 그런 다음, 데이터를 훈련 데이터와 테스트 데이터로 나눈다.

```
from sklearn import model_selection

# 훈련 데이터 X, Y를 만든다
X = np.array(df.drop(columns='Class', axis=1))
y = np.array(df['Class'])

# 재현성을 위해 시드를 정한다
seed = 1

# 훈련 데이터와 테스트 데이터로 나눈다
X_train, X_test, y_train, y_test = model_selection.train_test_split(X, y,
test_size=0.25, random_state=seed)
```

다음으로는 모델 성능 지표를 정의하고 학습할 모델을 정의한다. 그리고 나서 모델을 평가한다.

```
# 평가 지표를 정한다
scoring = 'accuracy'

# 학습시킬 모델을 정의한다
names = ["Nearest Neighbors", "Gaussian Process",
         "Decision Tree", "Random Forest", "Neural Net", "AdaBoost",
         "Naive Bayes", "SVM Linear", "SVM RBF", "SVM Sigmoid"]

classifiers = [
    KNeighborsClassifier(n_neighbors = 3),
    GaussianProcessClassifier(1.0 * RBF(1.0)),
    DecisionTreeClassifier(max_depth=5),
```

```python
    RandomForestClassifier(max_depth=5, n_estimators=10,
    max_features=1),
    MLPClassifier(alpha=1, max_iter=500),
    AdaBoostClassifier(),
    GaussianNB(),
    SVC(kernel = 'linear'),
    SVC(kernel = 'rbf'),
    SVC(kernel = 'sigmoid')
]

models = zip(names, classifiers)

# 모델을 하나씩 평가한다
results = []
names = []

for name, model in models:
    kfold = model_selection.KFold(n_splits=10, random_state = seed,
shuffle=True)
    cv_results = model_selection.cross_val_score(model, X_train, y_train,
cv=kfold, scoring=scoring)
    results.append(cv_results)
    names.append(name)
    msg = "%s: %f (%f)" % (name, cv_results.mean(), cv_results.std())
    print(msg)
Nearest Neighbors: 0.810714 (0.099808)
Gaussian Process: 0.855357 (0.160605)
Decision Tree: 0.733929 (0.087646)
Random Forest: 0.594643 (0.192004)
Neural Net: 0.912500 (0.097628)
AdaBoost: 0.875000 (0.147902)
Naive Bayes: 0.837500 (0.112500)
SVM Linear: 0.912500 (0.097628)
SVM RBF: 0.875000 (0.111803)
SVM Sigmoid: 0.925000 (0.100000)
```

NOTE

> 여기서 주의할 점이 하나 있다. 이 수치는 모두 훈련 데이터에 대한 코드라는 것이다. 훈련 데이터에
> 대해 높은 정확도를 보이는 알고리듬에 관심이 있는 것이 아니라 새로운 데이터에 대해 일반화돼 새
> 로운 인스턴스에 대해 예측할 수 있는 알고리듬을 만드는 데 관심이 있다. 머신러닝이 유용한 것은
> 그 때문이다.

이 테스트 데이터를 갖고 알고리듬의 성능을 평가하자. y_test 데이터에 대해 정확도 스코어accuracy score, 분류 보고서를 출력하려고 한다. 다음과 같은 코드를 사용한다.

```
models = zip(names, classifiers)
for name, model in models:
    model.fit(X_train, y_train)
    predictions = model.predict(X_test)
    print(name)
    print(accuracy_score(y_test, predictions))
    print(classification_report(y_test, predictions))
KNeighborsClassifier(n_neighbors=3)
Nearest Neighbors
0.7777777777777778
              precision    recall  f1-score   support

           0       1.00      0.65      0.79        17
           1       0.62      1.00      0.77        10

    accuracy                           0.78        27
   macro avg       0.81      0.82      0.78        27
weighted avg       0.86      0.78      0.78        27


GaussianProcessClassifier(kernel=1**2 * RBF(length_scale=1))
Gaussian Process
0.8888888888888888
              precision    recall  f1-score   support

           0       1.00      0.82      0.90        17
           1       0.77      1.00      0.87        10

    accuracy                           0.89        27
   macro avg       0.88      0.91      0.89        27
weighted avg       0.91      0.89      0.89        27


DecisionTreeClassifier(max_depth=5)
Decision Tree
0.7777777777777778
              precision    recall  f1-score   support

           0       1.00      0.65      0.79        17
           1       0.62      1.00      0.77        10
```

```
    accuracy                          0.78        27
   macro avg       0.81      0.82    0.78        27
weighted avg       0.86      0.78    0.78        27


RandomForestClassifier(max_depth=5, max_features=1, n_estimators=10)
Random Forest
0.7777777777777778
              precision    recall  f1-score   support

           0       0.92      0.71      0.80        17
           1       0.64      0.90      0.75        10

    accuracy                          0.78        27
   macro avg       0.78      0.80      0.78        27
weighted avg       0.82      0.78      0.78        27


MLPClassifier(alpha=1, max_iter=500)
Neural Net
0.9259259259259259
              precision    recall  f1-score   support

           0       1.00      0.88      0.94        17
           1       0.83      1.00      0.91        10

    accuracy                          0.93        27
   macro avg       0.92      0.94      0.92        27
weighted avg       0.94      0.93      0.93        27


AdaBoostClassifier()
AdaBoost
0.8518518518518519
              precision    recall  f1-score   support

           0       1.00      0.76      0.87        17
           1       0.71      1.00      0.83        10

    accuracy                          0.85        27
   macro avg       0.86      0.88      0.85        27
weighted avg       0.89      0.85      0.85        27


GaussianNB()
Naive Bayes
0.9259259259259259
```

	precision	recall	f1-score	support
0	1.00	0.88	0.94	17
1	0.83	1.00	0.91	10
accuracy			0.93	27
macro avg	0.92	0.94	0.92	27
weighted avg	0.94	0.93	0.93	27

SVC(kernel='linear')
SVM Linear
0.9629629629629629

	precision	recall	f1-score	support
0	1.00	0.94	0.97	17
1	0.91	1.00	0.95	10
accuracy			0.96	27
macro avg	0.95	0.97	0.96	27
weighted avg	0.97	0.96	0.96	27

SVC()
SVM RBF
0.9259259259259259

	precision	recall	f1-score	support
0	1.00	0.88	0.94	17
1	0.83	1.00	0.91	10
accuracy			0.93	27
macro avg	0.92	0.94	0.92	27
weighted avg	0.94	0.93	0.93	27

SVC(kernel='sigmoid')
SVM Sigmoid
0.9259259259259259

	precision	recall	f1-score	support
0	1.00	0.88	0.94	17
1	0.83	1.00	0.91	10
accuracy			0.93	27
macro avg	0.92	0.94	0.92	27

```
weighted avg       0.94      0.93      0.93       27
```

이 코드를 실행해보면 의미 있는 정보를 얻게 된다. 모델이 단지 훈련 데이터셋에 얼마나 제대로 적합하는지를 말하는 대신, 이 결과는 새로운 데이터에 대해 얼마나 일반화가 잘되는지를 알려준다. K-근접 이웃 알고리듬은 훈련 데이터에 비해 테스트 데이터에서는 성능이 떨어지는 것을 볼 수 있다. 반면 가우스 프로세스는 평가하는 27개의 케이스에 대해 상당히 성적이 좋다. 신경망과 나이브 베이즈^{Naive Bayes}는 약 93%의 정확도를 보인다. 선형 커널을 사용한 서포트 벡터 머신은 95%가 넘는다.

이런 모델들이 비교적 좋은 성능을 보이지만, 가장 중요한 점은 일반화 여부에 달려 있다. AdaBoost 분류기는 훈련 데이터에서는 성능이 가장 좋았지만 새로운 데이터에 대해서는 일반화 능력이 떨어진다. 이런 점에서는 서포트 벡터 머신이 좀 더 낫다. 생물정보학 분야에서는 거의 대부분 서포트 벡터 머신이 사용되는데, 아마도 이런 점 때문일 것이다.

이제 출력 결과에 대해 간략히 토론해보자. 분류 보고서는 상당히 유용한 정보를 준다. 전체 정확도는 전체 관측 가운데 정확히 예측한 관측 개수를 알려준다. 정밀도와 재현율도 중요한 정보를 준다. 정밀도는 거짓 양성을 고려해 계산한다. 이 값은 실제로 양성으로 예측된 관측의 개수 대비 정확히 양성으로 예측한 관측 개수의 비율로 계산된다. 서포트 벡터 머신 선형 커널에서 정밀도는 클래스에 따라 약간 달라서 프로모터가 아닌 클래스 0을 예측하는 경우에는 100%의 정밀도를 보이는 반면, 프로모터를 예측하는 클래스 1인 경우에는 다소 떨어지는 성능을 나타냈다.

반면 recall(재현율)은 거짓 음성을 고려한다. 이 값은 모든 양성 관측 개수 대비 정확히 양성으로 예측한 관측 개수의 비율을 의미한다. f1-score는 정밀도와 재현율의 조화 평균이므로 거짓 양성과 거짓 음성을 모두 고려한 지표다. support는 각 경우에 해당되는 개수를 의미한다. 이 경우에 17개의 케이스는 프로모터가 아니었고, 10개의 케이스는 프로모터였다. 이 상황에서는 f1-score가 아마도 분류에서 가장 좋은 지표로 보인다. 이 지표로 봤을 때 신경망, 가우스 프로세스, 나이브 베이즈 분류기 등이 좋은 성능을 나타낸다.

만약 독자들이 특정 애플리케이션을 위한 알고리듬을 개발하고자 한다면 선형 커널 서포트 벡터 머신의 매개변수를 최적화하는 것이 필요해 보이며, 매개변수 변경을 통해 좀 더 나은 결과를 얻을 수도 있다. 서포트 벡터 머신은 신경망처럼 많은 매개변수를 갖지 않으므로 신경망보다 최적화하는 데 시간이 덜 소요된다. 주어진 시간, 애플리케이션에서 필요한 정확도 등을 고려해 여러 알고리듬을 시도함으로써 더 나은 결과를 얻을 수도 있을 것이다.

ꓫ 요약

이 장에서는 대장균의 짧은 DNA 염기서열이 프로모터인지 아닌지를 약 96%의 정확도로 예측할 수 있었다. 데이터 저장소에 데이터를 불러오고, 텍스트 데이터를 숫자형 데이터로 변환하는 방법을 살펴봤다. 그런 다음 분류 알고리듬 모델을 만들고 학습시켰으며, 분류 보고서를 사용해 알고리듬의 성능을 비교해봤다.

다음 장에서는 관상 동맥 질환을 진단해보려고 한다.

04

관상 동맥 질환 진단

이 장에서는 신경망 모델을 사용해 심장병을 예측해볼 것이다. UCI 데이터 저장소에 있는 데이터를 사용하는데, 이것은 300여 명의 환자를 대상으로 하는 76개의 건강 관련 변수들을 포함하고 있다. 이 데이터를 사용해 관상 동맥 질환을 예측해보려고 한다.

순서는 다음과 같다.

- 데이터셋

- 결측값 정리

- 데이터셋 분리하기

- 신경망 훈련

- 다중 분류와 이진 분류의 비교

⠿ 데이터셋

우리가 사용할 데이터는 UCI 데이터 저장소에 있는 심장 질환에 관한 데이터셋이며, http://archive.ics.uci.edu/ml/machine-learning-databases/heart-disease/에서 직접 데이터를 다운로드할 수도 있다. 이 데이터는 클리블랜드 클리닉Cleveland Clinic의 303명 환자에 대한 정보를 포함하고 있다. 다른 기관에서 수집된 데이터도 있지만, 여기서는 클리블랜드 데이터셋만 사용한다. 이제 폴더를 살펴보자.

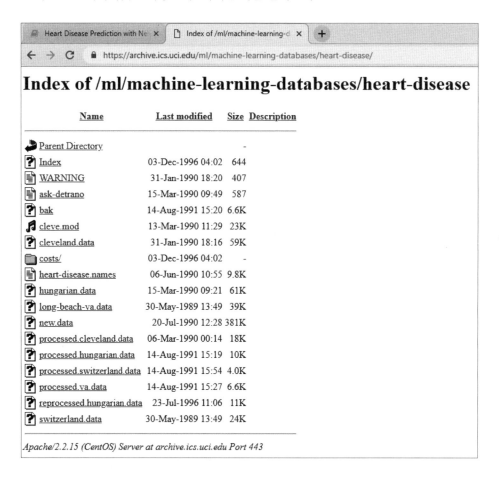

브라우저에서 웹 사이트를 직접 방문하지 않더라도, 주피터 노트북에서 코드를 사용해 직접 다운로드할 수 있다.

사용할 데이터는 processed.cleaveland.data 파일에 있다. heart-disease.names 파일을 열어보면 데이터셋에 대한 정보를 볼 수 있다. 이 정보에는 타이틀, 정보원, 과거 사용 등에 대한 내용들이 담겨 있다. 이 데이터를 사용한 연구 논문들도 확인할 수 있는데, 이 프로젝트에서는 이 연구 논문들에서 가장 많이 사용되는 14개의 속성/변수들을 사용한다. 데이터셋을 더 자세히 알고 싶다면 heart-disease.names 파일을 참고한다.

이제 주피터 노트북을 실행하고 필요한 라이브러리들을 임포트한 후 버전을 확인한다.

```
import sys
import pandas as pd
import numpy as np
import sklearn
import matplotlib
import keras

print('Python: {}'.format(sys.version))
Python: 3.9.7 | packaged by conda-forge | (default, Sep 29 2021, 19:26:22)
[Clang 11.1.0 ]
pkgs = {'Pandas': pd,
        'NumPy': np,
        'Sklearn': sklearn,
        'Matplotlib': matplotlib,
        'Keras': keras}
for k, v in pkgs.items():
        print(f'{k}: {v.__version__}')
Pandas: 1.3.5
NumPy: 1.19.5
Sklearn: 1.0.2
Matplotlib: 3.5.1
Keras: 2.7.0
```

독자의 컴퓨터에 있는 것과 이 책의 버전이 똑같을 필요는 없다. 다만 버전이 바뀌면서 발생하는 문제는 검색 등을 활용해 해결할 필요가 있다.

이제 산점도 행렬을 그릴 때 필요한 맷플롯립과 판다스 패키지를 임포트한다.

```
import matplotlib.pyplot as plt
from pandas.plotting import scatter_matrix
```

이제 데이터셋을 가져오고 판다스 데이터프레임의 각 열에 이름을 정의한다. 이 열들은 모두 heart-diseases.names 파일에 있는 14개의 속성을 참고해 만들었다. 데이터는 UCI 데이터 저장소에서 직접 읽는다.

이제 데이터프레임의 형태를 확인하고, 어떤 데이터들을 가져왔는지 살펴본다.

```
# 데이터프레임의 형태를 보고 몇 개의 샘플로 구성돼 있는지 확인
print ('Shape of DataFrame: {}'.format(cleveland.shape))
Shape of DataFrame: (303, 14)
print (cleveland.loc[1])
age           67.0
sex            1.0
cp             4.0
trestbps     160.0
chol         286.0
fbs            0.0
restecg        2.0
thalach      108.0
exang          1.0
oldpeak        1.5
slope          2.0
ca             3.0
thal           3.0
class            2
Name: 1, dtype: object
```

위 결과를 보면, 데이터프레임은 303개의 샘플과 14개의 속성으로 구성돼 있음을 알 수 있다. 그리고 어떤 환자에 대한 샘플을 들여다볼 수 있다. 환자의 나이는 67세이고 성별은 1인데, 이것은 남성을 의미한다(0이면 여성). 그리고 이 환자는 가슴 통증(cp)과 심장 질환을 시사하는 특성들을 갖고 있다.

이제 데이터셋의 *끄트머리*에 있는 20여 명의 환자에 대한 정보를 훑어보자.

```
# 끄트머리에 있는 20여 명의 환자 정보
cleveland.loc[280:]
      age  sex   cp  trestbps   chol  ...  oldpeak  slope   ca  thal  class
280  57.0  1.0  4.0     110.0  335.0  ...      3.0    2.0  1.0   7.0      2
281  47.0  1.0  3.0     130.0  253.0  ...      0.0    1.0  0.0   3.0      0
282  55.0  0.0  4.0     128.0  205.0  ...      2.0    2.0  1.0   7.0      3
```

```
283  35.0  1.0  2.0    122.0  192.0  ...    0.0    1.0  0.0    3.0    0
284  61.0  1.0  4.0    148.0  203.0  ...    0.0    1.0  1.0    7.0    2
285  58.0  1.0  4.0    114.0  318.0  ...    4.4    3.0  3.0    6.0    4
286  58.0  0.0  4.0    170.0  225.0  ...    2.8    2.0  2.0    6.0    2
287  58.0  1.0  2.0    125.0  220.0  ...    0.4    2.0   ?     7.0    0
288  56.0  1.0  2.0    130.0  221.0  ...    0.0    1.0  0.0    7.0    0
289  56.0  1.0  2.0    120.0  240.0  ...    0.0    3.0  0.0    3.0    0
290  67.0  1.0  3.0    152.0  212.0  ...    0.8    2.0  0.0    7.0    1
291  55.0  0.0  2.0    132.0  342.0  ...    1.2    1.0  0.0    3.0    0
292  44.0  1.0  4.0    120.0  169.0  ...    2.8    3.0  0.0    6.0    2
293  63.0  1.0  4.0    140.0  187.0  ...    4.0    1.0  2.0    7.0    2
294  63.0  0.0  4.0    124.0  197.0  ...    0.0    2.0  0.0    3.0    1
295  41.0  1.0  2.0    120.0  157.0  ...    0.0    1.0  0.0    3.0    0
296  59.0  1.0  4.0    164.0  176.0  ...    1.0    2.0  2.0    6.0    3
297  57.0  0.0  4.0    140.0  241.0  ...    0.2    2.0  0.0    7.0    1
298  45.0  1.0  1.0    110.0  264.0  ...    1.2    2.0  0.0    7.0    1
299  68.0  1.0  4.0    144.0  193.0  ...    3.4    2.0  2.0    7.0    2
300  57.0  1.0  4.0    130.0  131.0  ...    1.2    2.0  1.0    7.0    3
301  57.0  0.0  2.0    130.0  236.0  ...    0.0    2.0  1.0    3.0    1
302  38.0  1.0  3.0    138.0  175.0  ...    0.0    1.0   ?     3.0    0

[23 rows x 14 columns]
```

위 내용을 보면, 각 환자당 14개의 속성을 갖고 있으며 심장 질환에 대한 클래스(class)를
0에서 4까지로 나누고 있음을 알 수 있다. 그런데 ca 변수를 자세히 보면 287번, 302번
환자에서 ? 마크가 표시돼 있는 것을 볼 수 있다. 이는 결측값을 의미한다. 이제 이것을
처리해보자.

⁝⋕ 결측값 처리

결측값을 정리하는 것은 수많은 머신러닝 애플리케이션을 만들어가는 과정에서 가장 중
요한 단계다. 실제 세계 데이터셋에는 결측값이 있는 경우가 많기 때문이다. 결측값을
다루는 방법에는 여러 가지가 있는데, 가장 쉬운 방법은 결측값을 갖고 있는 행들을 모
두 제거하는 것이다. 이 방법은 신경망에서 분류 알고리듬을 만들거나 처음 모델을 훈
련시키는 경우 자주 사용되는 방법이다.

이제 결측값을 가진 행들을 삭제한다.

```
data = cleveland[~cleveland.isin(['?'])]
data.loc[280:]
     age sex  cp trestbps  chol ... oldpeak slope  ca thal class
280 57.0 1.0 4.0    110.0 335.0 ...     3.0   2.0 1.0  7.0     2
281 47.0 1.0 3.0    130.0 253.0 ...     0.0   1.0 0.0  3.0     0
282 55.0 0.0 4.0    128.0 205.0 ...     2.0   2.0 1.0  7.0     3
283 35.0 1.0 2.0    122.0 192.0 ...     0.0   1.0 0.0  3.0     0
284 61.0 1.0 4.0    148.0 203.0 ...     0.0   1.0 1.0  7.0     2
285 58.0 1.0 4.0    114.0 318.0 ...     4.4   3.0 3.0  6.0     4
286 58.0 0.0 4.0    170.0 225.0 ...     2.8   2.0 2.0  6.0     2
287 58.0 1.0 2.0    125.0 220.0 ...     0.4   2.0 NaN  7.0     0
288 56.0 1.0 2.0    130.0 221.0 ...     0.0   1.0 0.0  7.0     0
289 56.0 1.0 2.0    120.0 240.0 ...     0.0   3.0 0.0  3.0     0
290 67.0 1.0 3.0    152.0 212.0 ...     0.8   2.0 0.0  7.0     1
291 55.0 0.0 2.0    132.0 342.0 ...     1.2   1.0 0.0  3.0     0
292 44.0 1.0 4.0    120.0 169.0 ...     2.8   3.0 0.0  6.0     2
293 63.0 1.0 4.0    140.0 187.0 ...     4.0   1.0 2.0  7.0     2
294 63.0 0.0 4.0    124.0 197.0 ...     0.0   2.0 0.0  3.0     1
295 41.0 1.0 2.0    120.0 157.0 ...     0.0   1.0 0.0  3.0     0
296 59.0 1.0 4.0    164.0 176.0 ...     1.0   2.0 2.0  6.0     3
297 57.0 0.0 4.0    140.0 241.0 ...     0.2   2.0 0.0  7.0     1
298 45.0 1.0 1.0    110.0 264.0 ...     1.2   2.0 0.0  7.0     1
299 68.0 1.0 4.0    144.0 193.0 ...     3.4   2.0 2.0  7.0     2
300 57.0 1.0 4.0    130.0 131.0 ...     1.2   2.0 1.0  7.0     3
301 57.0 0.0 2.0    130.0 236.0 ...     0.0   2.0 1.0  3.0     1
302 38.0 1.0 3.0    138.0 175.0 ...     0.0   1.0 NaN  3.0     0

[23 rows x 14 columns]
```

위와 같은 코드를 실행하면 ?가 NaN으로 대체된다. 이제 NaN을 갖고 있는 행을 데이터프레임에서 완전히 삭제한다. 판다스를 사용하면 다음과 같이 간단히 해결된다.

```
# 결측값을 나타내는 NaN을 가진 행을 삭제
data = data.dropna(axis=0)
data.loc[280:]
     age sex  cp trestbps  chol ... oldpeak slope  ca thal class
280 57.0 1.0 4.0    110.0 335.0 ...     3.0   2.0 1.0  7.0     2
281 47.0 1.0 3.0    130.0 253.0 ...     0.0   1.0 0.0  3.0     0
282 55.0 0.0 4.0    128.0 205.0 ...     2.0   2.0 1.0  7.0     3
```

```
283   35.0   1.0   2.0      122.0   192.0   ...      0.0   1.0   0.0   3.0       0
284   61.0   1.0   4.0      148.0   203.0   ...      0.0   1.0   1.0   7.0       2
285   58.0   1.0   4.0      114.0   318.0   ...      4.4   3.0   3.0   6.0       4
286   58.0   0.0   4.0      170.0   225.0   ...      2.8   2.0   2.0   6.0       2
288   56.0   1.0   2.0      130.0   221.0   ...      0.0   1.0   0.0   7.0       0
289   56.0   1.0   2.0      120.0   240.0   ...      0.0   3.0   0.0   3.0       0
290   67.0   1.0   3.0      152.0   212.0   ...      0.8   2.0   0.0   7.0       1
291   55.0   0.0   2.0      132.0   342.0   ...      1.2   1.0   0.0   3.0       0
292   44.0   1.0   4.0      120.0   169.0   ...      2.8   3.0   0.0   6.0       2
293   63.0   1.0   4.0      140.0   187.0   ...      4.0   1.0   2.0   7.0       2
294   63.0   0.0   4.0      124.0   197.0   ...      0.0   2.0   0.0   3.0       1
295   41.0   1.0   2.0      120.0   157.0   ...      0.0   1.0   0.0   3.0       0
296   59.0   1.0   4.0      164.0   176.0   ...      1.0   2.0   2.0   6.0       3
297   57.0   0.0   4.0      140.0   241.0   ...      0.2   2.0   0.0   7.0       1
298   45.0   1.0   1.0      110.0   264.0   ...      1.2   2.0   0.0   7.0       1
299   68.0   1.0   4.0      144.0   193.0   ...      3.4   2.0   2.0   7.0       2
300   57.0   1.0   4.0      130.0   131.0   ...      1.2   2.0   1.0   7.0       3
301   57.0   0.0   2.0      130.0   236.0   ...      0.0   2.0   1.0   3.0       1

[21 rows x 14 columns]
```

dropna() 함수를 사용해 결측값을 가진 행을 삭제했다.

이제 데이터프레임의 형태를 다시 확인해 어떤 변화가 있는지 확인한다. 행이 몇 개 줄었는가? 또한 각 열의 데이터 타입을 dtypes 속성으로 확인해본다.

```
# 데이터프레임의 형태와 데이터 타입 확인
print(data.shape)
(297, 14)
print(data.dtypes)
age         float64
sex         float64
cp          float64
trestbps    float64
chol        float64
fbs         float64
restecg     float64
thalach     float64
exang       float64
oldpeak     float64
slope       float64
```

```
ca            object
thal          object
class          int64
dtype: object
```

결측값을 가진 6개의 케이스가 삭제돼 남은 것은 297개의 행이다. 속성은 여전히 14개로 대부분 부동소수점 값을 갖고 있다.

두 개의 열의 타입은 object라고 돼 있다. 그 이유는 결측값을 제외하기 이전 데이터프레임에서 해당 열이 숫자 값과 물음표(?) 값을 동시에 포함하고 있으므로 판다스가 이런 값들을 모두 수용하기 위해 해당 행의 데이터 타입을 object로 처리했기 때문이다. 앞서 문자열에 해당하는 ?를 모두 결측값으로 바꾼 다음 해당 행을 모두 삭제했으나 데이터 타입은 object로 남아있다. 이런 열은 숫자 데이터로 변경할 수 있다. 판다스를 사용해 부동소수점으로 바꾸도록 하고, 다시 데이터 타입을 확인한다.

```
# 다음 분석을 위해 모두 숫자형 데이터로 변환
data = data.apply(pd.to_numeric)
data.dtypes
age           float64
sex           float64
cp            float64
trestbps      float64
chol          float64
fbs           float64
restecg       float64
thalach       float64
exang         float64
oldpeak       float64
slope         float64
ca            float64
thal          float64
class           int64
dtype: object
```

이렇게 해서 클래스 레이블을 표시하는 열만 정수이고 나머지는 모두 부동소수점 값으로 변경됐다.

판다스의 describe() 메서드를 사용해 각 변수의 특징을 검토한다.

```
# 판다스 describe() 함수로 변수의 특징 확인
data.describe()
                age         sex          cp  ...          ca        thal
class
count  297.000000  297.000000  297.000000  ...  297.000000  297.000000
297.000000
mean    54.542088    0.676768    3.158249  ...    0.676768    4.730640
0.946128
std      9.049736    0.468500    0.964859  ...    0.938965    1.938629
1.234551
min     29.000000    0.000000    1.000000  ...    0.000000    3.000000
0.000000
25%     48.000000    0.000000    3.000000  ...    0.000000    3.000000
0.000000
50%     56.000000    1.000000    3.000000  ...    0.000000    3.000000
0.000000
75%     61.000000    1.000000    4.000000  ...    1.000000    7.000000
2.000000
max     77.000000    1.000000    4.000000  ...    3.000000    7.000000
4.000000

[8 rows x 14 columns]
```

각 속성의 297개 사례에 대한 통계 정보를 보여준다. 평균, 표준편차, 최솟값, Q1, Q2, Q3 분위수, 최댓값 등을 확인할 수 있다. 이런 정보들은 실제 머신러닝 알고리듬을 적용하기 전에 반드시 확인해야 하는 중요한 정보다. 이런 데이터 특성에 따라 적용할 알고리듬 기술들이 달라지기 때문이다. 데이터가 모두 숫자형이라면 아마도 회귀 문제로 보는 것이 가장 좋을 수 있다. 카테고리형 데이터라면 회귀보다는 분류 알고리듬을 적용하는 것이 좋을 수 있다. 이 경우에는 신경망 모델을 사용한 분류 알고리듬에 이 데이터를 사용할 수 있다. 어떤 알고리듬을 사용하기 위해서는 데이터 정규화^{normalization}가 필요할 수도 있고, 또 어떤 경우에는 그렇지 않을 수도 있다. 데이터 탐색을 할 때 히스토그램을 통해 각 변수의 분포를 확인하는 것도 중요하다. 다음과 같이 판다스의 `data.hist()` 함수를 사용해 히스토그램을 만들었다.

```
# 각 변수에 대한 히스토그램
data.hist(figsize = (12, 12));
plt.show()
```

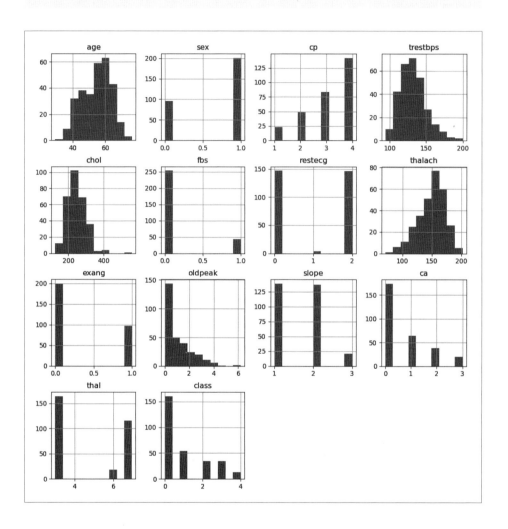

출력된 히스토그램들을 살펴보면 어떤 것들은 연속된 숫자를 표현하는 막대로 표시되고, 어떤 것은 카테고리형 레이블에 가까워 보인다. class 변수에 대한 히스토그램에서 레이블이 0 값을 갖는 심장 질환이 없는 환자 수가 150여 명에 이르는 것을 확인할 수 있다. 심장 질환의 정도가 심할수록 환자의 수가 줄어들고 있다. 가장 심한 레이블이 4

인 환자 수가 가장 적다. 이미 알고 있는 바와 같이 데이터셋에는 300명 넘는 환자 정보를 포함하고 있다. 그래서 심장병이 있는 경우와 어떤 경우가 거의 비슷해 균형이 맞춰져 있는데, 이런 성질이 적용시킬 알고리듬에서 중요한 특징이 되기도 한다.

⁞⁝ 데이터셋 분리

옮긴이의 NOTE

> 이 장에서 지금부터 살펴볼 코드 결과와 독자의 실제 코드 결과는 다를 수 있다. 여기서 설명할 train_test_split 함수도 랜덤하게 데이터셋을 분리하고, 또한 전체 데이터셋의 크기가 크지 않아 어떻게 데이터셋이 나눠지는지에 따라 모델의 성능 지표들도 많이 달라질 수 있기 때문이다.

이제 전체 데이터셋을 훈련 데이터셋과 테스트 데이터셋으로 나누려고 한다. sklearn의 train_test_split 함수를 사용해 전체의 80%를 훈련용으로, 20%를 테스트용으로 나눌 것이다. 또한 심장병의 중증도를 건강한 수준인 0에서 심한 수준인 4까지의 값으로 나타내는 class 변수를 카테고리형 데이터로 변환시킬 것이다.

scikit-learn 패키지에서는 관례상 입력 데이터는 행렬을 의미하는 대문자 X로 표시하고, 레이블 데이터는 벡터를 의미하는 소문자 y로 표시한다. 또한 NumPy의 ndarray 포맷을 사용한다. 이런 관례에 따라 sklearn의 model_selection 모듈을 임포트한 다음에 class 속성을 제외한 데이터프레임을 NumPy 배열로 변환시켜 변수 X에 할당했다. 또한 class 속성을 NumPy 배열로 바꾼 다음 변수 y에 할당했다. 그리고 나서 train_test_split() 함수를 사용해 훈련용 데이터셋과 테스트용 데이터셋으로 나눴다. 비율은 앞에서 말한 대로 훈련용이 전체의 80%, 테스트용이 전체의 20%가 되도록 할당했다.

```
# 훈련용 데이터셋인 X, y(타깃) 데이터셋 만들기
from sklearn import model_selection

X = np.array(data.drop(columns='class', axis=1))
y = np.array(data['class'])

X_train, X_test, y_train, y_test = model_selection.train_test_split(X, y,
test_size = 0.2)
```

이제 y 변수에 들어있는 class에 해당되는 값들을 카테고리형 레이블로 변환한다. 이를 위해 tensorflow.keras.utils 모듈에서 to_categorical 함수를 임포트했다. 이 함수는 카테고리형 변수를 원-핫 벡터로 변환시키는 역할을 하는데, y_train은 Y_train 객체로 변형시키고 y_test는 Y_test 객체로 변형시켰다. 변형된 객체의 형태와 처음 열 개의 사례를 살펴보자.

```
# 카테고리형 데이터를 원-핫 벡터로 변환
from tensorflow.keras.utils import to_categorical

Y_train = to_categorical(y_train, num_classes=None)
Y_test = to_categorical(y_test, num_classes=None)
print(Y_train.shape)
(237, 5)
print(Y_train[:10])
[[0. 0. 0. 1. 0.]
 [0. 0. 0. 1. 0.]
 [1. 0. 0. 0. 0.]
 [1. 0. 0. 0. 0.]
 [0. 0. 0. 1. 0.]
 [1. 0. 0. 0. 0.]
 [1. 0. 0. 0. 0.]
 [1. 0. 0. 0. 0.]
 [0. 0. 1. 0. 0.]
 [0. 1. 0. 0. 0.]]
```

앞에서 봤듯이 우리 데이터의 형태는 (237, 5)이다. 이것은 훈련 데이터셋의 사례가 237개이고, class의 변수를 원-핫 인코딩 벡터로 만든 다섯 개의 열을 의미한다. 각 행에서 1 값이 있는 위치(0에서 시작) 값이 그 클래스 값을 나타낸다. 인덱스 0 위치(처음)에 있는 클래스가 1이고, 인덱스 2(세 번째)에 1이 있으면 클래스가 2라는 의미다. 앞에서 train_test_split 함수가 난수를 사용하기 때문에 코드를 실행할 때마다 달라질 수 있으므로, 이 책의 결과와 독자의 결과가 다를 수 있다.

神경망 훈련

이제 신경망을 만들고 훈련시키는 단계로 이동한다. 먼저 케라스에서 필요한 레이어를 임포트하자. 그런 다음 create_model()이라는 사용자 함수를 정의한다. 이 함수에서 케라스 모델을 구성한다. 우리가 만들 모델은 Sequential이다. 이어서 입력 레이어, 은닉 레이어, 출력 레이어를 정의하고, 모델을 컴파일한 다음 마지막으로 모델을 출력한다.

```python
from keras.models import Sequential
from keras.layers import Dense
from tensorflow.keras.optimizers import Adam

# 케라스 모델을 만들기 위한 사용자 정의 함수 만들기
def create_model():
    # 모델 생성
    model = Sequential()
    model.add(Dense(8, input_dim=13, kernel_initializer='normal',
activation='relu'))
    model.add(Dense(4, kernel_initializer='normal', activation='relu'))
    model.add(Dense(5, activation='softmax'))

    # 모델 컴파일
    adam = Adam(lr=0.001)
    model.compile(loss='categorical_crossentropy', optimizer=adam,
metrics=['accuracy'])
    return model

model = create_model()
print(model.summary())
Model: "sequential"
```

Layer (type)	Output Shape	Param #
dense (Dense)	(None, 8)	112
dense_1 (Dense)	(None, 4)	36
dense_2 (Dense)	(None, 5)	25

```
Total params: 173
Trainable params: 173
```

```
Non-trainable params: 0
_____

None
```

모델 요약표를 보자. 첫 번째 레이어의 매개변수는 112개, 두 번째는 36개, 세 번째는 25개로 총 173개의 매개변수를 갖고 있다. 이들 매개변수는 모델이 훈련을 통해 추정 estimate되는 값들이다. 이렇게 훈련된 신경망을 갖고 관상 동맥 질환의 유무에 따라 환자를 분류할 것이다.

이제 model.fit() 함수로 훈련 데이터셋을 갖고 모델을 훈련시킨다.

```
# 모델을 훈련 데이터에 적합
model.fit(X_train, Y_train, epochs=100, batch_size=10, verbose = 1)
Epoch 1/100
24/24 [==============================] - 2s 12ms/step - loss: 1.6922 - accuracy: 0.2152

......중간 생략

Epoch 99/100
24/24 [==============================] - 0s 7ms/step - loss: 1.0336 - accuracy: 0.5992
Epoch 100/100
24/24 [==============================] - 0s 7ms/step - loss: 1.0218 - accuracy: 0.5949
<keras.callbacks.History object at 0x2a3642640>
```

위에서 보면 모델이 에포크마다 손실값을 출력하고 있다. 마지막 에포크를 보면, 정확도가 59%에서 61% 사이에 있다는 것도 확인된다. 이는 심장 질환의 다섯 가지 상태를 분류하는 문제에 대한 성적이다. 만약 목표가 심장 질환의 유무로 평가되는 이진 분류 문제라면 어떻게 될까? 이진 문제로 바꿔 정확도가 개선되는지 살펴보자. 앞에서 0~4까지의 정숫값을 갖는 class 변수를 0과 1 값을 갖는 변수로 변환시키고 모델을 훈련한다. 마지막에서는 이진 분류와 다중 클래스 결과를 서로 비교해볼 것이다.

심장 질환의 유무로 따지는 이진 분류 문제로 변환하려면 Y_train, Y_test 변수를 Y_train_binary, Y_test_binary 변수로 복사한 후에 0보다 큰 값은 모두 1로 바꾸고 0 값은 그대로 두게 한다. 처음 20개 행을 출력한다.

```
# 이진 분류 문제로 변환 - 심장 질환의 유무
Y_train_binary = y_train.copy()
Y_test_binary = y_test.copy()

Y_train_binary[Y_train_binary > 0] = 1
Y_test_binary[Y_test_binary > 0] = 1

print(Y_train_binary[:20])
[1 1 0 0 1 0 0 0 1 1 1 1 0 1 0 0 0 0 0 1]
```

결과를 보면 값들이 0 또는 1로 변환됐다. 건강한 경우에는 0으로, 심장 질환의 위험이 있거나 질환이 실제로 있는 모든 경우는 1로 표시된다. 이렇게 하면 이진 분류 문제가 된다.

⋮⋮⋮ 다중 분류와 이진 분류의 비교

이제 복수의 클래스를 분류하는 다중 분류와 두 개로 분류하는 이진 분류를 서로 대조하고 비교해본다. 먼저 모델을 만든다. 데이터를 바꿨으므로 이진 모델을 정의한다. 그런 다음 입력 레이어, 은닉 레이어, 출력 레이어를 정의하고, 모델을 컴파일하며, 마지막으로 모델을 출력한다.

```
# 이진 분류를 위해 새로운 케라스 모델 정의
def create_binary_model():
    # 모델 생성
    model = Sequential()
    model.add(Dense(8, input_dim=13, kernel_initializer='normal',
activation='relu'))
    model.add(Dense(4, kernel_initializer='normal', activation='relu'))
    model.add(Dense(1, activation='sigmoid'))

    # 모델 컴파일
    adam = Adam(lr=0.001)
    model.compile(loss='binary_crossentropy', optimizer=adam,
metrics=['accuracy'])
    return model
```

```
binary_model = create_binary_model()

print(binary_model.summary())
Model: "sequential_1"
```

```
_____
 Layer (type)                Output Shape              Param #
=================================================================
 dense_3 (Dense)             (None, 8)                 112

 dense_4 (Dense)             (None, 4)                 36

 dense_5 (Dense)             (None, 1)                 5

=================================================================
Total params: 153
Trainable params: 153
Non-trainable params: 0
_____

None
```

모델을 보면 세 번째 출력 레이어는 한 개의 값만 출력하고 있다. 이 레이어는 앞에서 본 원-핫 인코딩 벡터값이 아닌 0 또는 1 값 가운데 하나만 출력한다. 이제 이진 모델이 준비됐고, 모델을 훈련시킬 차례다.

```
# 훈련 데이터셋에 이진 모델을 적합
binary_model.fit(X_train, Y_train_binary, epochs=100, batch_size=10, verbose = 1)
Epoch 1/100
24/24 [==============================] - 1s 7ms/step - loss: 0.7458 - accuracy: 0.5359
Epoch 2/100
24/24 [==============================] - 0s 5ms/step - loss: 0.6810 - accuracy: 0.5359

......중간 생략

Epoch 99/100
24/24 [==============================] - 0s 6ms/step - loss: 0.3812 - accuracy: 0.8312
Epoch 100/100
24/24 [==============================] - 0s 5ms/step - loss: 0.3917 - accuracy: 0.8270
```

이전 다중 분류 문제보다 더 높은 정확도를 얻게 된다. 다중 비교가 A, B, C, D, E, F와 같은 여러 개의 선택지에서 하나를 고르는 문제라면, 이진 비교는 A, B 가운데 하나를 고르는 문제와 같다.

이제 테스트 데이터셋을 갖고 실제 성능 지표를 구할 차례다. 이를 통해 모델이 실제로 의미하는 바가 무엇이고 각각의 케이스를 어떻게 예측하고 있는지를 확인할 것이다. 우선 다중 분류 문제에 대한 분류 보고서를 만들어보고, 그다음에는 이진 분류 문제에 대한 보고서를 만들려고 한다. 이 작업을 위해 sklearn.metrics 모듈에서 classification_report 함수와 accuracy_score 함수를 임포트한다. 다중 분류 예측을 위한 케라스 모델의 예측 결과는 categorical_pred 변수에 할당하고, 그 결과를 출력한다.

```
# 다중 분류 모델 예측에 대한 분류 성적 보고서 생성
from sklearn.metrics import classification_report, accuracy_score

categorical_pred = model.predict(X_test)
categorical_pred
array([[7.34793007e-01, 2.32685849e-01, 1.78780872e-02, 9.07030702e-03,
        5.57274185e-03],
       [8.47817123e-01, 1.42250925e-01, 4.83419746e-03, 3.34011391e-03,

......중간 생략

       [5.80639020e-02, 1.96383461e-01, 2.99959779e-01, 3.17865312e-01,
        1.27727479e-01],
       [9.36720788e-01, 6.10662401e-02, 9.61589394e-04, 7.90220336e-04,
        4.61159216e-04]], dtype=float32)
```

위 결과를 보면 클래스마다 클래스 확률이 계산됐다. 이 정보는 심장 질환의 유무를 따지는 데 그다지 유용하지 않다. 따라서 np.argmax() 함수를 적용해 가장 높은 확률을 보이는 클래스를 확인한다.

```
# 다중 분류 문제
from sklearn.metrics import classification_report, accuracy_score

categorical_pred = np.argmax(model.predict(X_test), axis=1)
categorical_pred
```

```
array([0, 0, 0, 2, 3, 0, 0, 0, 0, 0, 0, 0, 0, 0, 3, 3, 0, 1, 0, 0, 0, 0,
       1, 0, 0, 0, 0, 3, 0, 0, 3, 0, 3, 0, 3, 2, 1, 0, 2, 0, 0, 2, 0, 0,
       3, 0, 1, 1, 2, 3, 0, 0, 0, 0, 0, 3, 1, 3, 3, 0])
```

결과를 보면 3 값을 갖는 경우가 많은 것을 확인할 수 있는데, 정확도 측면에서 문제가 될 수 있다. 그런데 이는 이 특수한 경우에서 예상되는 것일 수도 있으며, 관상 동맥 질환의 모든 수준을 실제로 예측하지 않아 생기는 문제일 수도 있다. 그래서 다음과 같은 코드로 다중 분류 모델에 대한 상세한 성능을 출력해보려고 한다.

```
# 다중 분류 모델에 대한 예측값을 사용한 분류 보고서 생성
from sklearn.metrics import classification_report, accuracy_score

categorical_pred = np.argmax(model.predict(X_test), axis=1)

print('다중 분류 모델에 대한 결과')
다중 분류 모델에 대한 결과
print(accuracy_score(y_test, categorical_pred))
0.65
print(classification_report(y_test, categorical_pred))
              precision    recall  f1-score   support

           0       0.84      0.91      0.87        34
           1       0.17      0.10      0.12        10
           2       0.80      0.44      0.57         9
           3       0.25      0.60      0.35         5
           4       0.00      0.00      0.00         2

    accuracy                           0.65        60
   macro avg       0.41      0.41      0.38        60
weighted avg       0.64      0.65      0.63        60
```

옮긴이의 NOTE

앞에서도 언급했지만, train_test_split() 함수는 랜덤하게 데이터를 훈련 데이터셋과 테스트 데이터 셋으로 분리하므로 이 책에서 설명하는 숫자와 독자가 직접 실행할 때 나오는 숫자가 다를 수 있다.

전체 정확도는 65%이다. 테스트 데이터셋에서 우리가 제대로 예측했어야 하는 레벨 1의 환자는 모두 열 명이고 레벨 4의 환자는 두 명이었는데, 모두 제대로 맞추지는 못했다. 건강한 경우(레벨 0)의 정밀도는 84%, 재현율은 91%였다. 위에서 f1-score는 정밀도와 재현율의 조화 평균harmonic mean을 의미하고, support는 현재 테스트 데이터셋에 있는 해당 클래스의 환자 수를 의미한다. 그래서 총 60명의 환자 중 건강한 경우가 34명으로 다수를 차지하고 있으므로, 이를 실제 헬스케어 세팅에서 사용하기에는 무리가 있다.

이제 이진 분류 모델에 대한 예측값을 사용하는 분류 보고서를 만들어보자. 여기서는 예측값에 np.round() 함수를 적용해 0.5 이하이면 0 값을, 0.5 이상이면 1 값을 가지도록 만들고 나서 분류 보고서를 만들어봤다.

```
# 이진 모델의 예측값에 대한 분류 보고서 작성
binary_pred = np.round(binary_model.predict(X_test)).astype(int)

print('이진 모델에 대한 결과')
이진 모델에 대한 결과
print(accuracy_score(Y_test_binary, binary_pred))
0.85
print(classification_report(Y_test_binary, binary_pred))
              precision    recall  f1-score   support

           0       0.86      0.88      0.87        34
           1       0.84      0.81      0.82        26

    accuracy                           0.85        60
   macro avg       0.85      0.85      0.85        60
weighted avg       0.85      0.85      0.85        60
```

결과를 보면, 전체 정확도는 85%로 이번에는 좀 더 나은 성능을 얻을 수 있었다. 아마도 이 버전이 독자들이 실제 헬스케어 분야에서 사용하고 싶은 알고리듬일 가능성이 높다. 일반적으로 질병이 있는데 없다고 잘못 예측하기보다는 질병이 없는데도 있다고 예측하는 편이 더 안전하고 선호되는 알고리듬이다. 이 경우를 보면 다중 분류 문제보다 훨씬 나은 f1-score 값들을 보여주고 있다.

⠿ 요약

이 장에서는 sklearn과 keras를 사용해 심장 질환을 진단하는 예제를 수행해봤다. UCI 데이터 저장소에서 판다스 read_csv() 함수를 사용해 데이터를 임포트하는 방법, 데이터를 전처리하는 방법 등도 살펴봤다. 헬스케어 프로젝트뿐만 아니라 다른 프로젝트에서도 마찬가지인데, 결측치를 처리하는 방법은 중요하며 그 한 가지 방법은 결측치를 갖고 있는 행을 삭제하는 것이다. 그다음에는 기술 통계, 히스토그램 등을 통해 데이터에 대한 이해도를 높였다. 그 후 sklearn.model_selection 모듈의 train_test_split() 함수를 사용해 데이터셋을 훈련용과 테스트용으로 나눴다. 더 나아가 카테고리형 분류를 위해 원-핫 인코딩 벡터로 변수를 변환했다. 또한 케라스를 사용해 간단한 신경망 모델을 정의했으며 softmax 같은 활성 함수, 다중 분류 문제에 사용되는 categorical_crossentropy 등도 살펴봤다. 이진 분류에서는 시그모이드^{sigmoid} 활성 함수와 binary_crossentropy 손실 함수를 사용했다. 이어서 훈련 데이터셋으로 모델을 훈련시켰고, 다중 분류와 이진 분류 문제를 비교해봤다. 마지막으로 분류 보고서와 정확도 스코어를 계산했다.

다음 장에서는 머신러닝으로 소아 자폐증이 있는지를 스크리닝하는 프로젝트를 다룬다.

05

머신러닝을 이용한 자폐증 스크리닝

신경 발달 장애의 조기 진단은 치료 효과를 높이고 헬스케어 비용을 상당히 낮출 수 있는 중요한 분야다. 이 장에서는 지도 학습 방법을 통해 행동 특성과 개인의 특징 등을 사용함으로써 자폐 스펙트럼 장애ASD, Autism Spectrum Disorder를 진단하는 프로젝트를 소개한다.

이 장의 순서는 다음과 같다.

- 머신러닝을 이용한 ADS 스크리닝

- 데이터셋 소개

- 데이터셋을 훈련 데이터와 테스트 데이터로 나누기

- 신경망 구현

- 신경망 테스트

- 드롭아웃 규제를 이용한 과적합 해결

⫸ 머신러닝을 이용한 ADS 스크리닝

이 장에서는 주피터 노트북에서 케라스^{Keras}, 판다스^{pandas}, 사이킷런^{scikit-learn} 파이썬 라이브러리를 사용한다.

⫸ 데이터셋 소개

이 장에서 사용할 데이터는 UCI 머신러닝 데이터 저장소에 있는 소아 자폐 스펙트럼 장애 스크리닝 데이터로 https://archive.ics.uci.edu/ml/datasets/Autistic+Spectrum+ Disorder+Screening+Data+for+Children++에서 확인할 수 있다. 이 데이터셋에는 292명의 자폐증 스크리닝 데이터가 포함돼 있다. 주요 변수로는 나이, 인종, 자폐증 가족력 등이 있다. 여기서는 이 데이터셋을 사용해 실제로 환자가 자폐증을 갖고 있는지 예측해볼 것이다.

데이터 저장소에서 ZIP 파일을 다운로드하고 압축을 풀자. 이 ZIP 파일에는 두 개의 파일이 들어있다. 첫 번째 파일에는 이 장에서 예측에 사용될 데이터의 변수들에 대한 설명이 포함돼 있다. 데이터가 수집된 방법과 정보원에 대한 내용, 사용된 사례와 변수의 타입에 대한 내용도 있다. 결측값이 포함돼 있다는 사실도 알려주고 있는데, 이 문제는 뒤에서 다룬다. 실제 속성은 다음 표를 참고한다.

변수	타입	설명
Age	숫자	햇수
Gender	문자열	남성 또는 여성
Ethnicity	문자열	텍스트 포맷 리스트
Born with jaundice	문자열	태어날 때 황달이 있었는가?
Family member with PDD	불리언	직계 가족이 전반적 발달 장애(PDD)가 있었는가?
Who is completing the test	문자열	부모, 환자, 보호자, 의료진, 의사 등
Country of residence	문자열	거주하는 곳
Used the screening app before	불리언	스크리닝 앱을 사용한 적이 있는가?
Screening Method Type	정수(0, 1, 2, 3)	나이에 따른 스크리닝 방법

(이어짐)

변수	타입	설명
Question 1 Answer	이진(0, 1)	스크리닝 방법에 따른 질문에 대한 응답
Question 2 Answer	이진(0, 2)	스크리닝 방법에 따른 질문에 대한 응답
Question 3 Answer	이진(0, 3)	스크리닝 방법에 따른 질문에 대한 응답
Question 4 Answer	이진(0, 4)	스크리닝 방법에 따른 질문에 대한 응답
Question 5 Answer	이진(0, 5)	스크리닝 방법에 따른 질문에 대한 응답
Question 6 Answer	이진(0, 6)	스크리닝 방법에 따른 질문에 대한 응답
Question 7 Answer	이진(0, 7)	스크리닝 방법에 따른 질문에 대한 응답
Question 8 Answer	이진(0, 8)	스크리닝 방법에 따른 질문에 대한 응답
Question 9 Answer	이진(0, 9)	스크리닝 방법에 따른 질문에 대한 응답
Question 10 Answer	이진(0, 10)	스크리닝 방법에 따른 질문에 대한 응답
Screening Score	정수	최종 점수

나이, 성별, 인종, 출생 시 황달의 유무 등과 같은 다양한 속성이 있음을 알 수 있다. 그리고 긍정적인 또는 부정적인 질문에 어떻게 대답했는지에 대한 정보도 들어있다. 일반적으로 심리학자들은 이런 응답을 들여다보고, 소아와 면담하고, 가족력을 묻고, 다른 위험 인자를 고려한 다음에 아이에게 자폐증이 있는지 여부를 결정하게 된다.

이제 이것을 신경망이라는 머신러닝 알고리듬으로 자동화해보자.

ZIP 파일에는 .arff 파일도 들어있다. 이 파일을 노트패드와 같은 텍스트 에디터로 열어보면, 내용이 텍스트로 돼 있음을 확인할 수 있다. 파일 안에 앞에서 본 변수에 대한 내용도 있고, 아래쪽에는 이 장에서 사용된 데이터 값들이 들어있다. 불필요한 부분을 삭제하고, 일반 텍스트 파일로 만들고, 파일 안의 데이터를 읽어와 사용하려고 한다.

옮긴이의 NOTE

> .artf 파일을 직접 읽을 수 있도록 해주는 파이썬 패키지도 있지만, 원서에서 소개한 대로 약간의 수작업을 통해 텍스트 파일을 만들었다. 이 파일은 예제 코드[1]에 Autism-Child-Data.txt란 이름으로 루트 폴더에 포함시켰다.

---

1 https://github.com/koseokbum/ml4hap2를 참조한다. – 옮긴이

필요한 라이브러리와 데이터 임포트

이 장에서 사용할 라이브러리와 데이터셋을 로딩한다. 데이터셋은 루트 폴더에 Autism-Child-Data.txt로 준비해뒀다.

먼저 라이브러리들을 로딩하고 버전을 확인한다.

```
import sys
import pandas as pd
import sklearn
import keras

print('Python: {}'.format(sys.version) )
print('Pandas: {}'.format(pd.__version__))
print('Sklearn: {}'.format(sklearn.__version__) )
print('Keras: {}'.format(keras.__version__) )
Python: 3.9.7 | packaged by conda-forge | (default, Sep 29 2021, 19:26:22)
[Clang 11.1.0 ]
Pandas: 1.3.5
Sklearn: 1.0.2
Keras: 2.7.0
```

이제 데이터셋을 로딩한다.

```
# 데이터셋 임포트
# csv 파일 읽기
data = pd.read_table('Autism-Child-Data.txt', sep = ',',
                    index_col = None)
data.loc[0]
A1_Score                      1
A2_Score                      1
A3_Score                      0
A4_Score                      0
A5_Score                      1
A6_Score                      1
A7_Score                      0
A8_Score                      1
A9_Score                      0
A10_Score                     0
age_numeric                   6
gender                        m
```

```
ethnicity                          Others
jundice                                no
family_history_of_austim               no
contry_of_res                      Jordan
used_app_before                        no
result                                  5
age_desc                     '4-11 years'
relation                           Parent
Class/ASD                              NO
Name: 0, dtype: object
```

데이터셋 탐색

데이터셋을 탐색해 어떤 정보가 담겨져 있는지 살펴본다. 데이터프레임의 형태로 데이터의 개수를 확인한다. 다음과 같은 코드를 사용한다.

```
# 데이터프레임의 형태 출력
print('Shape of DataFrame: {}'.format(data.shape))
Shape of DataFrame: (292, 21)
print(data.loc[0])
A1_Score                                1
A2_Score                                1
A3_Score                                0
A4_Score                                0
A5_Score                                1
A6_Score                                1
A7_Score                                0
A8_Score                                1
A9_Score                                0
A10_Score                               0
age_numeric                             6
gender                                  m
ethnicity                          Others
jundice                                no
family_history_of_austim               no
contry_of_res                      Jordan
used_app_before                        no
result                                  5
age_desc                     '4-11 years'
```

```
relation                Parent
Class/ASD                  NO
Name: 0, dtype: object
```

데이터셋에는 292명의 환자와 환자별 21개의 변수가 있다는 것이 확인된다. 변수 가운데 하나는 Class 레이블이다. 앞에서 봤지만, 열 개의 질문에 점수, 나이, 성별, 인종, 황달, 과거력 등에 대한 정보가 있다. 데이터셋의 첫 번째 케이스는 요르단에 살고 있는 6세 소아로 자폐증이 없는 환자다.

11번째 환자까지의 데이터를 출력해보자. data.loc[] 메서드를 사용한다.

```
# 여러 환자에 대한 정보 출력
data.loc[:10]
    A1_Score  A2_Score  A3_Score  ...      age_desc  relation  Class/ASD
0          1         1         0  ...  '4-11 years'    Parent         NO
1          1         1         0  ...  '4-11 years'    Parent         NO
2          1         1         0  ...  '4-11 years'         ?         NO
3          0         1         0  ...  '4-11 years'         ?         NO
4          1         1         1  ...  '4-11 years'    Parent        YES
5          0         0         1  ...  '4-11 years'         ?         NO
6          1         0         1  ...  '4-11 years'    Parent        YES
7          1         1         1  ...  '4-11 years'    Parent        YES
8          1         1         1  ...  '4-11 years'    Parent        YES
9          0         0         1  ...  '4-11 years'         ?         NO
10         1         0         0  ...  '4-11 years'      Self        YES

[11 rows x 21 columns]
```

데이터셋을 보면 어떤 환자들은 인종 등에 대해 응답하지 않아 해당 값이 결측값으로 남아있고, 이것이 물음표(?)로 처리돼 있다.

데이터프레임에 대한 전체적인 조망을 위해 data.describe() 함수를 적용해서 모든 숫자형 데이터에 대해 평균, 최솟값, 최댓값 등을 확인한다.

```
# 데이터프레임에 대한 설명
data.describe()
         A1_Score    A2_Score    A3_Score  ...    A9_Score   A10_Score
result
```

```
count   292.000000   292.000000   292.000000   ...   292.000000   292.000000
292.000000
mean      0.633562     0.534247     0.743151   ...     0.493151     0.726027
6.239726
std       0.482658     0.499682     0.437646   ...     0.500811     0.446761
2.284882
min       0.000000     0.000000     0.000000   ...     0.000000     0.000000
0.000000
25%       0.000000     0.000000     0.000000   ...     0.000000     0.000000
5.000000
50%       1.000000     1.000000     1.000000   ...     0.000000     1.000000
6.000000
75%       1.000000     1.000000     1.000000   ...     1.000000     1.000000
8.000000
max       1.000000     1.000000     1.000000   ...     1.000000     1.000000
10.000000

[8 rows x 11 columns]
```

다음과 같은 코드로 열에 대한 데이터 타입을 확인한다.

```
data.dtypes
A1_Score                    int64
A2_Score                    int64
A3_Score                    int64
A4_Score                    int64
A5_Score                    int64
A6_Score                    int64
A7_Score                    int64
A8_Score                    int64
A9_Score                    int64
A10_Score                   int64
age_numeric                object
gender                     object
ethnicity                  object
jundice                    object
family_history_of_austim   object
contry_of_res              object
used_app_before            object
result                      int64
age_desc                   object
relation                   object
```

```
Class/ASD                        object
dtype: object
```

A1_Score에서 A10_Score까지는 정수로 돼 있고, 나머지는 대부분 object 타입을 갖고 있다. age_numeric 변수가 object인 것은 결측값을 갖고 있기 때문이며, 다음에 이를 수정할 것이다. gender, ethnicity도 문자열로 결측값을 나타내는 물음표를 갖고 있으며 object 형을 갖고 있다.

데이터 전처리

데이터 전처리 과정을 살펴보자. 데이터셋에 있는 모든 정보가 필요하지는 않다. 이 데이터셋은 4세에서 11세까지의 소아를 대상으로 하고 있으므로 나이 기술(age_desc 변수)은 필요하지 않다. 그리고 result 변수는 설문 방법에 따른 가중치를 계산한 것으로, 여기서는 사용하지 않을 것이다. 따라서 다음과 같은 코드로 이 변수들을 삭제한다.

```
# 필요 없는 열 삭제
data = data.drop(columns=['result', 'age_desc'], axis=1)
```

그다음에는 데이터프레임을 입력 데이터로 사용할 x, 타깃 데이터로 사용할 y로 나눈다. 여기서 x에는 타깃이 되는 Class/ASD를 제외한 모든 변수가 포함되고, y에는 Class/ASD 변수만 포함된다. 다음과 같은 코드를 사용한다.

```
x = data.drop(columns=['Class/ASD'], axis=1)
y = data['Class/ASD']
```

다음 코드로 x 데이터셋을 확인한다.

```
x.loc[:10]
      A1_Score  A2_Score  A3_Score  ...      contry_of_res  used_app_before
relation
0            1         1         0  ...             Jordan               no
Parent
1            1         1         0  ...             Jordan               no
Parent
2            1         1         0  ...             Jordan              yes
?
3            0         1         0  ...             Jordan               no
?
4            1         1         1  ...    'United States'               no
Parent
5            0         0         1  ...              Egypt               no
?
6            1         0         1  ...   'United Kingdom'               no
Parent
7            1         1         1  ...            Bahrain               no
Parent
8            1         1         1  ...            Bahrain               no
Parent
9            0         0         1  ...            Austria               no
?
10           1         0         0  ...   'United Kingdom'               no
Self

[11 rows x 18 columns]
```

결과를 보면 Class/ASD 열이 없다.

원-핫 인코딩

데이터프레임에 Others, Middle Estern, ?와 같은 값들이 있는데, 이것들을 처리할 필요가 있다. 또한 카테고리형 변수들을 머신러닝 알고리듬이 읽을 수 있도록 변환시키려고 한다. 변환된 변수들을 원-핫 인코딩 벡터라고 하는데, 판다스를 사용해 쉽게 만들 수 있다.

판다스의 get_dummies 함수는 데이터셋에 있는 카테고리형 변수들을 가변수로 바꾼다.

```
# 카테고리형 값들을 원-핫 인코딩 벡터로 변환
X = pd.get_dummies(x)
```

이제 데이터프레임을 출력해보면 변수가 너무 많아서 전체를 보기가 쉽지 않다. 대신에
어떤 열들이 있는지 확인해보려고 한다.

```
# 새로 만들어진 카테고리형 열 레이블 출력
X.columns.values
array(['A1_Score', 'A2_Score', 'A3_Score', 'A4_Score', 'A5_Score',
       'A6_Score', 'A7_Score', 'A8_Score', 'A9_Score', 'A10_Score',
       'age_numeric_10', 'age_numeric_11', 'age_numeric_4',
       'age_numeric_5', 'age_numeric_6', 'age_numeric_7', 'age_numeric_8',
       'age_numeric_9', 'age_numeric_?', 'gender_f', 'gender_m',
       "ethnicity_'Middle Eastern '", "ethnicity_'South Asian'",
       'ethnicity_?', 'ethnicity_Asian', 'ethnicity_Black',
       'ethnicity_Hispanic', 'ethnicity_Latino', 'ethnicity_Others',
       'ethnicity_Pasifika', 'ethnicity_Turkish',
       'ethnicity_White-European', 'jundice_no', 'jundice_yes',
       'family_history_of_austim_no', 'family_history_of_austim_yes',
       "contry_of_res_'Costa Rica'", "contry_of_res_'Isle of Man'",
       "contry_of_res_'New Zealand'", "contry_of_res_'Saudi Arabia'",
       "contry_of_res_'South Africa'", "contry_of_res_'South Korea'",
       "contry_of_res_'U.S. Outlying Islands'",
       "contry_of_res_'United Arab Emirates'",
       "contry_of_res_'United Kingdom'", "contry_of_res_'United States'",
       'contry_of_res_Afghanistan', 'contry_of_res_Argentina',
       'contry_of_res_Armenia', 'contry_of_res_Australia',
       'contry_of_res_Austria', 'contry_of_res_Bahrain',
       'contry_of_res_Bangladesh', 'contry_of_res_Bhutan',
       'contry_of_res_Brazil', 'contry_of_res_Bulgaria',
       'contry_of_res_Canada', 'contry_of_res_China',
       'contry_of_res_Egypt', 'contry_of_res_Europe',
       'contry_of_res_Georgia', 'contry_of_res_Germany',
       'contry_of_res_Ghana', 'contry_of_res_India', 'contry_of_res_Iraq',
       'contry_of_res_Ireland', 'contry_of_res_Italy',
       'contry_of_res_Japan', 'contry_of_res_Jordan',
       'contry_of_res_Kuwait', 'contry_of_res_Latvia',
       'contry_of_res_Lebanon', 'contry_of_res_Libya',
       'contry_of_res_Malaysia', 'contry_of_res_Malta',
       'contry_of_res_Mexico', 'contry_of_res_Nepal',
       'contry_of_res_Netherlands', 'contry_of_res_Nigeria',
```

```
        'contry_of_res_Oman', 'contry_of_res_Pakistan',
        'contry_of_res_Philippines', 'contry_of_res_Qatar',
        'contry_of_res_Romania', 'contry_of_res_Russia',
        'contry_of_res_Sweden', 'contry_of_res_Syria',
        'contry_of_res_Turkey', 'used_app_before_no',
        'used_app_before_yes', "relation_'Health care professional'",
        'relation_?', 'relation_Parent', 'relation_Relative',
        'relation_Self', 'relation_self'], dtype=object)
```

많은 수의 열이 있다. age_numeric 열을 하나만 살펴보자. 환자가 자신의 나이를 기록하지 않은 경우 원래 데이터셋에는 결측값으로 ?가 들어가는데, 변환된 데이터셋에는 age_numeric_?라는 열의 1 값으로 들어가게 된다. 나이를 입력한 경우에는 age_numeric_<해당 나이> 열에서 1 값을 갖게 된다.

이제 한 명의 환자의 데이터를 출력해보자.

```
# 변환된 데이터셋에서 한 환자의 데이터 보기
X.loc[1]
A1_Score               1
A2_Score               1
A3_Score               0
A4_Score               0
A5_Score               1
                      ..
relation_?             0
relation_Parent        1
relation_Relative      0
relation_Self          0
relation_self          0
Name: 1, Length: 96, dtype: int64
```

이제 y 데이터셋에도 똑같은 작업을 할 필요가 있다. 앞에서 x 데이터셋을 처리할 때와 똑같은 방법을 사용한다.

```
# 클래스 데이터에 있는 카테고리형 변수를 원-핫 코딩 벡터로 변환
Y = pd.get_dummies(y)
```

이렇게 얻어진 데이터셋을 훈련 과정에서 신경망에 직접 입력하게 된다. 위와 같은 과정을 원-핫 인코딩 프로세스라고 한다.

▶ 데이터셋을 훈련 데이터와 테스트 데이터로 나누기

신경망 훈련을 시작하기 전에 데이터셋을 훈련 데이터와 테스트 데이터로 나눌 필요가 있다. 테스트 데이터는 신경망을 훈련시키고 나서 처음 보는 새로운 데이터에 대해서도 일반화가 잘되는지 검증하는 데 사용된다. 이 과정은 scikit-learn 패키지의 train-test_split() 함수를 사용하면 간단히 처리된다.

sklearn.model_selection 모듈에서 train_test_split() 함수를 임포트하고 다음과 같이 코딩한다.

```
from sklearn import model_selection
# 훈련 데이터와 테스트 데이터로 나누기
X_train, X_test, Y_train, Y_test = model_selection.train_test_split(X, Y,
test_size = 0.2)
```

위 코드는 전체 가운데 20%를 테스트 데이터로 만든다.

데이터셋 분리가 끝났기 때문에 이제는 분리된 데이터프레임들의 형태를 출력해보자.

```
print(X_train.shape)
(233, 96)
print(X_test.shape)
(59, 96)
print(Y_train.shape)
(233, 2)
print(Y_test.shape)
(59, 2)
```

X 훈련 데이터에는 233개의 행, 테스트 59개의 행이 있으며, 열은 모두 96개다. Y 데이터에는 원래의 Class 레이블이 YES, NO 값을 가질 수 있는데, 원-핫 인코딩돼 두 개의 열을 가진다.

신경망 구현

이제 머신러닝을 위한 데이터 전처리 작업을 마쳤다. 이제 좀 더 재미있는 부분으로 넘어가 실제로 신경망을 구현해보자. 훈련 데이터로 신경망을 훈련시키고, 테스트 데이터로 모델을 테스트할 것이다.

다음과 같이 모델을 정의하기 위해 레이어와 모델을 임포트한다.

```python
from keras.models import Sequential
from keras.layers import Dense
from tensorflow.keras.optimizers import Adam
```

여기서 Adam은 신경망 또는 케라스를 사용할 때 흔히 볼 수 있는 표준 옵티마이저다. 다음으로는 케라스 모델을 만들기 위해 create_model()이라는 사용자 정의 함수를 만든다. 이렇게 함수를 사용하면 매개변수를 바꾸면서 모델을 재구현할 수 있다.

다음과 같은 코드로 모델을 만든다. 모델 컴파일 단계에서는 먼저 학습률을 지정하면서 옵티마이저를 정의한다. 여기서는 학습률 0.001을 가진 Adam 옵티마이저를 사용하려고 한다. 그런 다음 손실 함수, 옵티마이저, 성능 지표를 지정하고 모델을 컴파일한다. 손실 함수는 categorical_crossentropy를 사용하고, 성능은 정확도accuracy로 지정했다. 마지막으로 컴파일된 모델을 return 문으로 반환한다.

```python
# 케라스 모델을 만들기 위한 함수 정의
def create_model():
  # 모델 생성
  model = Sequential()
  model.add(Dense(8, input_dim=96, kernel_initializer='normal',
          activation='relu'))
  model.add(Dense(4, kernel_initializer='normal', activation='relu'))
  model.add(Dense(2, activation='sigmoid'))

  # 모델 컴파일
  adam = Adam(lr=0.001)
  model.compile(loss='categorical_crossentropy',
              optimizer=adam, metrics=['accuracy'])
  return model
```

모델 정의를 마쳤으므로 create_model() 함수를 호출하면, 위에서 지정된 단계에 따라 모델이 생성된다. print() 함수를 사용해 모델을 출력해보자.

```
model = create_model()
print(model.summary())
Model: "sequential"
```

Layer (type)	Output Shape	Param #
dense (Dense)	(None, 8)	776
dense_1 (Dense)	(None, 4)	36
dense_2 (Dense)	(None, 2)	10

```
Total params: 822
Trainable params: 822
Non-trainable params: 0
```

```
None
```

보는 바와 같이 신경망은 세 개의 레이어로 구성돼 있다. 첫 번째 레이어는 여덟 개, 두 번째 레이어는 네 개, 세 번째 레이어는 세 개의 뉴런을 갖고 있다. 신경망의 매개변수는 822개로, 이 매개변수들의 값은 훈련을 통해 추정될 것이다.

신경망을 준비하는 과정을 마쳤다. 이제 훈련 데이터로 모델을 적합시킬 차례다. 적합은 model.fit() 함수를 사용한다. 이것은 지도 학습으로, 우리는 훈련 단계에서 정답인 레이블을 함께 제공한다. 에포크는 훈련 데이터셋 전체를 완전히 한 번 순회하는 것을 말한다. 여기서는 에포크를 50으로 정했기 때문에 데이터를 50회 순회하게 된다. 그리고 배치 크기(batch_size)를 10으로 정했다. 이렇게 하면 모델은 열 개 단위로 사례들이 입력된다.

```
model.fit(X_train, Y_train, epochs=50,
          batch_size=10, verbose = 1)
Epoch 1/50
24/24 [==============================] - 2s 21ms/step - loss: 0.6933 -
```

```
accuracy: 0.5193

......중간 생략

Epoch 50/50
24/24 [==============================] - 0s 6ms/step - loss: 0.0252 -
accuracy: 1.0000
<keras.callbacks.History object at 0x29ef310a0>
```

결과를 보면 처음에는 정확도가 낮지만 점차 높아지고, 손실은 점점 더 낮아진다. 결과적으로 최종 50 에포크를 마치면 정확도가 100%가 됐다. 그런데 이 성적은 훈련 데이터에만 그렇다는 것을 의미한다.

신경망 테스트

이제 모델이 새로운 정보에 대해 일반화가 잘되는지 확인할 차례다. 이런 목적으로 앞에서는 테스트 데이터를 별도로 구분해 나눠뒀다. 모델의 예측값을 사용해 분류 보고서를 만들 필요가 있으며, 이를 위해 sklearn.metric 라이브러리에서 classification_report, accuracy_score를 임포트한다. 예측값은 model.predict() 함수를 사용하면 쉽게 계산된다. 그다음에는 결과를 출력해본다.

```
# 분류 모델에 대한 분류 보고서 작성
from sklearn.metrics import classification_report, accuracy_score
import numpy as np

#predictions = model.predict_classes(X_test)
predictions = np.argmax(model.predict(X_test), axis=-1)
predictions
array([1, 0, 0, 0, 0, 1, 1, 1, 1, 1, 0, 1, 1, 0, 1, 0, 0, 0, 0, 1, 1, 0,
       0, 0, 1, 0, 0, 0, 0, 0, 0, 1, 0, 1, 0, 0, 0, 0, 1, 0, 1, 0, 0, 1,
       0, 1, 1, 0, 0, 0, 0, 1, 1, 1, 1, 1, 1, 0, 0])
```

위 코드는 1 또는 0 값으로 이뤄진 배열을 출력한다.

결과를 출력해보자.

```
print('Prediction Results for Neural Network')
print(accuracy_score(Y_test[['YES']], predictions))
print(classification_report(Y_test[['YES']], predictions))
Prediction Results for Neural Network
0.8983050847457628
              precision    recall  f1-score   support

           0       0.85      0.97      0.91        30
           1       0.96      0.83      0.89        29

    accuracy                           0.90        59
   macro avg       0.91      0.90      0.90        59
weighted avg       0.91      0.90      0.90        59
```

전체 정확도는 90% 내외다.[2] 정밀도는 거짓 양성을 고려하고, 재현율은 거짓 음성을 고려한다. f1-score는 정밀도와 재현율을 함께 고려한 값이다. support 값은 테스트 데이터셋에 자폐증이 있는/없는 환자의 수다.

하나 주목할 점은 앞에서 훈련 데이터를 사용했을 때 정확도가 100%였다는 점이다. 그렇지만 테스트 데이터에서는 이 값이 약 90% 수준으로 낮아졌다. 이는 큰 하강이며, 본질적으로 모델이 훈련 데이터에 대해 과적합을 일으켰다는 것을 의미한다.

NOTE

> 과적합은 훈련 데이터에 대한 학습은 잘 이뤄졌으나 새로운 데이터에는 일반화되지 않는 상황을 의미한다.

드롭아웃 정규화를 사용해 과적합 해결하기

과적합을 줄이는 한 가지 방법은 드롭아웃 정규화이며, 2장에서 그 방법을 소개했다.

드롭아웃 정규화를 적용하기 위해 keras.layers 라이브러리에서 Dropout을 임포트한다.

---

2 훈련 데이터와 테스트 데이터를 나눌 때 확률적으로 나눠지기 때문에 실행할 때마다 결과가 조금씩 다를 수 있다. – 옮긴이

Dropout 함수는 레이어에서 일부 뉴런들을 작동하지 못하게 해서 나머지 뉴런들만 학습에 참여시킨다. 이것은 정규화regularization 방법의 하나로, 뉴런들이 값을 출력하는 방법을 규제하기 때문이다. 이 기술을 적용하면 일반화 성능을 높일 수도 있다.

다음으로는 드롭아웃 비율을 0.25로 해서 드롭아웃 레이어를 추가해본다. 코드는 2장을 참고한다.

드롭아웃 정규화를 적용했음에도 그다지 더 나은 성적을 거두지 못했다. 이처럼 드롭아웃 정규화가 항상 좋은 결과를 내는 것은 아니다.

```python
# 필요한 패키지 임포트
from keras.layers import Dropout  # 임포트 라인에 추가
from sklearn.metrics import classification_report, accuracy_score
import numpy as np

# 드롭아웃 비율
dropout_rate = 0.25

# 케라스 모델을 만들기 위한 함수 정의
def create_model():
    # 모델 생성
    model = Sequential()
    model.add(Dense(8, input_dim=96, kernel_initializer='normal',
            activation='relu'))
    model.add(Dropout(dropout_rate))          # 드롭아웃 레이어 추가
    model.add(Dense(4, kernel_initializer='normal', activation='relu'))
    model.add(Dropout(dropout_rate))          # 드롭아웃 레이어 추가
    model.add(Dense(2, activation='sigmoid'))

    # 모델 컴파일
    adam = Adam(lr=0.001)
    model.compile(loss='categorical_crossentropy',
                optimizer=adam, metrics=['accuracy'])
    return model

model = create_model()

model.fit(X_train, Y_train, epochs=50,
        batch_size=10, verbose = 1)
```

```
predictions = np.argmax(model.predict(X_test), axis=-1)


print('Prediction Results for Neural Network')
print(accuracy_score(Y_test[['YES']], predictions))
print(classification_report(Y_test[['YES']], predictions))
```

......학습 과정 생략

```
Prediction Results for Neural Network
0.9152542372881356
              precision    recall  f1-score   support

           0       0.86      1.00      0.92        30
           1       1.00      0.83      0.91        29

    accuracy                           0.92        59
   macro avg       0.93      0.91      0.91        59
weighted avg       0.93      0.92      0.91        59
```

⠿ 요약

이 장에서는 머신러닝을 사용해 약 90%의 정확도로 자폐증을 예측할 수 있었고, 카테고리형 데이터를 머신러닝에 사용할 수 있도록 가변수 처리하는 기술을 배웠다. 헬스케어 데이터에는 카테고리형 데이터가 많이 사용된다. 그 대표적인 방법이 원-핫 인코딩이다. 또한 드롭아웃 정규화를 통해 과적합을 줄이는 방법도 설명했다.

이 책에서는 다양한 헬스케어 이슈를 머신러닝을 적용해 해결하는 방법을 탐구해봤다. 1장에서는 SVM, KNN 모델을 사용해 암세포를 탐지하는 머신러닝을 살펴봤다. 2장에서는 케라스를 사용한 딥러닝으로 당뇨병을 예측해봤다. 3장에서는 흔히 사용되는 분류 모델들을 써서 대장균 염기서열이 프로모터인지 아닌지 예측할 수 있었다. 4장에서는 신경망을 통한 심장병 예측을 다뤘다. 마지막으로 5장에서는 자폐증을 예측하는 사례를 살펴봤다. 이런 사례를 통해 최신의 머신러닝 기술이 헬스케어 분야에서 다양한 질환을 진단하고 관리하는 데 혁신을 일으킬 수 있다는 점을 명확히 깨달았을 것이라 기대한다.

부록 A

파이썬 데이터 과학을 시작하는
보건 의료인을 위한 안내서

이 책은 파이썬 언어와 파이썬 라이브러리/패키지들을 사용해 헬스케어 머신러닝을 수행하는 예를 설명한다. 파이썬 언어와 이런 도구에 익숙한 독자라면, 아무런 문제 없이 코드를 실행하고 결과를 확인해볼 수 있을 것이다.

사실 이 책은 컴퓨터 과학에 익숙한 머신러닝 전문가보다는 보건 의료 분야에 몸담은 독자들을 더 염두에 두고 번역했다. 그런데 보건 의료에 종사하는 독자들은 헬스케어 데이터를 갖고 뭔가 가치 있는 작업을 해보고 싶은 열망이 누구보다 크지만, 파이썬 언어에서 시작해 컴퓨터 자체에 대한 이해가 부족하고 또한 무엇보다 이런 주제에 대한 교육이 안 돼 있는 경우가 많아 흔히 애를 먹곤 한다는 점이 중요하다.

이 책보다 앞서 출간된 『지능 기반 의료를 위한 헬스케어 애널리틱스』(에이콘, 2021)도 보건 의료 데이터를 사용한 머신러닝을 다뤘다. 두 책 모두 일종의 '따라 해보기' 방식으로 구성된 셈인데, 머신러닝에 대한 감을 전달하려는 의도로 번역했다.

그런데 번역을 하고 보니, 이런 책들에서 소개하는 코드를 이해하고 실제로 실행해볼 수 있도록 안내해주는 자료들이 많지 않은 탓에 보건 관련 대학이나 실제 현업에 있는 의료인들이 헬스케어 데이터 과학을 시작하는 데 애를 먹고 있다는 생각이 들었다. 장차 관련된 대학 교육 과정이나 온오프라인 세미나 등이 늘어나 이런 문제들이 해결되길 바란다.

그래서 원서에는 없는 내용이지만, 보건 의료인을 위한 파이썬 데이터 과학 가이드를 직접 작성해보기로 마음먹었다. 파이썬을 설치한 후 주피터 노트북 등을 잘 사용하고 있는 독자라면, 부록에서 다루는 내용을 살펴볼 필요 없이 1장부터 바로 시작해도 무방하다. 이 책은 파이썬 언어를 사용하고 있으므로, 파이썬 데이터 과학을 하기 위해 파이썬 언어 환경을 구성하는 방법과 데이터 과학을 할 때 필수적으로 사용되는 주피터 노트북을 중심으로 설명하려고 한다.

⫶ 컴퓨터에 파이썬 설치

파이썬 언어를 사용하기 위해 컴퓨터에 설치하는 방법은 여러 가지가 있다. 파이썬은 범용적인 언어이므로 데이터 과학뿐만 아니라 다양한 용도로 사용된다. 데이터 과학을 할 때는 데이터 과학에 최적화된 아나콘다 배포판을 가장 많이 사용한다. 따라서 여기서는 아나콘다 파이썬Anaconda Python을 설치하는 방법을 설명한다. 그리고 함께 설치되는 콘다conda라는 패키지 관리자의 사용법과 이것을 이용해 콘다 가상 환경cona virtual environment을 구성하는 방법도 설명한다.

파이썬 버전에 대해

이전에는 부분적으로 호환되지 않는 파이썬 2.X 버전과 3.X 버전이 혼용돼 왔지만, 2020년 1월 1일부로 2.X 버전은 더 이상 지원되지 않는다. 따라서 이제는 3.X 버전을 배우고 사용해야 할 것이다.

이 책의 원서에서는 일부 코드가 파이썬 2.X 버전으로 돼 있었지만, 모두 파이썬 3.9.X 버전에 맞춰서 코드를 재조정했다. 관련된 패키지들도 업그레이드되면서 이전과 달라진 측면이 있는데, 모두 수정했다.

아나콘다 파이썬 배포판 설치

아나콘다 파이썬은 오픈소스로, https://www.anaconda.com/products/individual 사이트에서 페이지 하단을 살펴보면 다음 그림과 같은 다운로드 링크를 찾을 수 있다. 자신의 시스템에 맞는 링크를 클릭한 후 다운로드해 설치한다.

Anaconda Installers

Windows ⊞	MacOS	Linux ⌂
Python 3.9	Python 3.9	Python 3.9
64-Bit Graphical Installer (510 MB)	64-Bit Graphical Installer (515 MB)	64-Bit (x86) Installer (581 MB)
32-Bit Graphical Installer (404 MB)	64-Bit Command Line Installer (508 MB)	64-Bit (Power8 and Power9) Installer (255 MB)
		64-Bit (AWS Graviton2 / ARM64) Installer (488 M)
		64-bit (Linux on IBM Z & LinuxONE) Installer (242 M)

먼저 윈도우에 설치하는 방법을 살펴보자.

윈도우에 설치하는 방법

다음 순서를 따라 설치한다.

1. 최근 사용되는 컴퓨터는 대부분 64비트 운영체제이므로 위 사이트에서 **64-Bit Graphical Installer**를 클릭해 설치 소프트웨어를 다운로드한다. 설치하는 데 특별

히 고려할 점은 거의 없지만, 혹시 필요하다면 설치 방법을 안내하는 공식 문서를 https://docs.anaconda.com/anaconda/install/windows/에서 찾아볼 수 있다.

2. 설치 소프트웨어를 실행하고, 디폴트로 세팅을 그대로 따라가면 된다. 특히 다음과 같은 화면에서 시스템 경로에, 설치하는 파이썬에 대한 경로PATH를 추가할지 여부를 묻는다. 윈도우 경로의 개념과 사용법을 아는 독자라면 경로 추가 방법을 선택해도 되지만, 여기서는 선택하지 않는 것으로 한다. 함께 설치되는 아나콘다 프롬프트 Anaconda Prompt를 사용하면, 경로를 자동으로 잡아준 환경에서 프로그램이 실행돼 따로 경로 추가 작업을 하지 않아도 문제없기 때문이다.

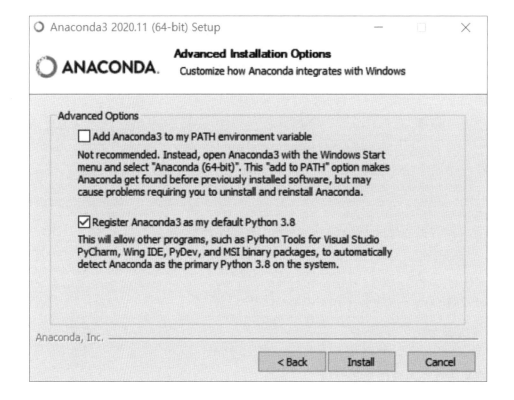

3. 설치가 완료되면 윈도우 시작 버튼을 클릭해 **Anaconda3 (64-bit)**를 확인한다. 이어서 하위 메뉴 버튼을 클릭하면 다음과 같이 보일 것이다.

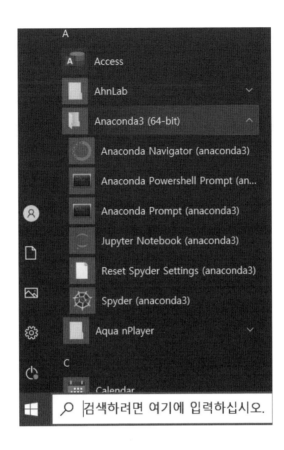

4. 이 가운데 **Anaconda Prompt (anaconda3)**를 선택하고 클릭한다. 그러면 윈도우 명령 프롬프트로 들어가고, 다음과 같은 모양의 프롬프트를 볼 수 있을 것이다.

```
(base) C:\Users\koseo>
```

아나콘다 프롬프트 환경으로 들어가면, 사용자가 직접 조작하지 않아도 이미 윈도우 경로가 맞춰져 있다고 생각하면 된다. 경로를 확인해보려면 다음과 같은 명령을 실행해본다.

```
(base) C:\Users\koseo>echo %path%
```

5. 아나콘다 프롬프트에서 다음을 확인한다. where라는 명령을 사용해 python, conda 프

로그램이 제대로 설치됐는지를 확인한다. 그리고 `python --version` 명령으로 설치한 파이썬 버전을 확인한다. 각각의 명령에 대해 결과가 출력된다면 모든 것이 제대로 설치됐다고 볼 수 있다.

```
(base) C:\Users\koseo>where python

(base) C:\Users\koseo>where conda

(base) C:\Users\koseo>python --version
```

이와 같은 셸shell(윈도우에서의 명령 프롬프트, 맥 OS에서의 터미널)에 익숙하지 않은 독자도 있겠지만, 데이터 과학을 하려면 어느 정도는 알아야 한다.

함께 설치되는 Anaconda Navigator (anaconda3) 프로그램은 패키지 관리 등을 해주는 그래픽 유저 인터페이스를 제공해준다. 사용법이 궁금한 독자는 웹 검색을 통해 확인하길 바란다. 어찌 됐든 윈도우에서는 앞에서 설명한 바와 같이 파이썬을 사용할 때 항상 아나콘다 프롬프트를 통해 사용할 것을 권한다.

최근 마이크로소프트가 오픈소스 파이썬의 발전을 위해 상당히 노력하고 있다. 파이썬 표준 배포판을 윈도우에 설치해 사용하는 방법은 https://docs.python.org/ko/3/using/windows.html을 참고한다.

맥 OS에 설치하는 방법

맥의 운영체제인 맥 OSmacOS에는 파이썬 2.7 버전이 시스템 일부로 들어가 있다. 이것을 삭제하면 맥 OS 시스템이 돌아가지 않아 운영체제 전체를 다시 설치해야 할 수도 있기 때문에 절대 건드리지 않는 것이 좋다. 그렇다고 이를 그대로 사용하는 것은 그다지 좋은 생각이 아니다.

그래서 이미 시스템에 설치된 파이썬이 있다고 해도 설치된 것을 그대로 두고 새로운 파이썬을 추가로 설치해 사용할 필요가 있다. 그래서 아나콘다 파이썬을 설치해 사용한다.

맥에 아나콘다를 설치하는 방법은 윈도우에서 설치하는 방법과 거의 같다. 아나콘다 웹 사이트로 가서 설치 소프트웨어를 다운로드한 후 설치하면 된다. 주의할 점은 현재 사용자만 사용할 수 있도록 홈 디렉터리에 설치하는 것이다.

1. 아나콘다가 설치되면 아나콘다 내비게이터가 앱 화면에서 보일 테지만, 윈도우에서 언급한 것처럼 이 사용법은 여기서 다루지 않는다.

2. 아나콘다가 설치될 때 셸 설정 파일에 아나콘다에 대한 경로가 추가된다. zsh를 사용하는 경우 홈 디렉터리의 .zshrc 파일을 확인하거나, bash를 사용하는 경우 .bash_profile 파일에 내용이 추가된다. 또한 conda라는 명령줄 프로그램도 설치된다.

3. 다음 명령으로 파이썬과 conda에 대한 경로가 제대로 됐는지, 설치된 파이썬 버전이 3.X인지 확인한다. 문제없이 출력된다면 제대로 설치된 것이다.

```
(base) brainiac@ksbdodesk ~ % which python

(base) brainiac@ksbdodesk ~ % which conda

(base) brainiac@ksbdodesk ~ % python --version
```

⠿ 파이썬 가상 환경 만들기

가상 환경virtual environment은 독립적인 작업 공간으로 하나의 컴퓨터에서 필요에 따라 여러 버전의 소프트웨어를 설치해 사용하는 개념이다. 보통 컴퓨터에 어떤 소프트웨어를 설치해 사용하는 경우에는 해당 소프트웨어를 설치하고 그것을 사용한다. 그래서 이 가상 환경이라는 개념이 낯설게 느껴질 수도 있을 것이다. 그러나 파이썬을 효율적으로 사용하려면 꼭 알고 있어야 하는 개념이다.

왜 이런 개념이 필요할까? 예를 들어, 이 글을 쓰는 현재 최신 파이썬 버전은 3.10까지 나왔다. 설치된 파이썬 버전이 3.10인데, 필요한 인공 지능 패키지인 tensorflow를 사용하는 경우를 생각해보자. 이 경우에 아직 이 패키지가 새로운 파이썬 버전 3.10에 맞게 업데이트돼 있지 않으면 이 패키지를 설치해도 사용할 수 없게 된다. 뒤에서 설명하는 conda 패키지 관리자는 가상 환경을 만들고, 이런 버전 간의 충돌을 최소화해 필요한 경우에는 버전을 업그레이드하거나 다운그레이드시키는 기능을 갖고 있다.

비록 같은 컴퓨터에 설치돼 있다고 하더라도 다른 파이썬 애플리케이션에 영향을 주거나 다른 파이썬 애플리케이션의 간섭을 받지 않는 독자적이고 '독립적인 실행 환경'을 파이썬 가상 환경이라고 말한다. 이 가상 환경은 독립적인 파이썬 실행 파일(binary)과 환경에 필요한 패키지들로 구성된다. 그래서 가상 환경을 만들면 하나의 컴퓨터에 파이썬 버전 3.6, 버전 3.7, 버전 3.8, 버전 3.9 등을 별도로 사용할 수 있게 된다.

그래서 하나의 컴퓨터 안에 각각의 목적에 따라 여러 개의 파이썬 가상 환경을 만들어 사용하는 경우가 일반적이며, 작업하는 프로젝트마다 독립적인 가상 환경을 만들어 사용하는 것이 관례다.

보통 프로젝트를 진행할 때 다음 단계를 거친다.

1. 파이썬 가상 환경을 생성한다.

2. 이 가상 환경에 작업할 수 있도록 가상 환경을 활성화한다activation.

3. 활성화된 가상 환경에 패키지를 설치하거나 필요한 작업을 수행한다.

4. 작업을 마치고 나면, 활성화됐던 가상 환경을 비활성화한다deactivation.

실제로 어떻게 하는지 하나씩 살펴보자.

콘다 가상 환경 만들기

웹 검색을 해보면, 파이썬 가상 환경을 만드는 방법이 쉽게 검색된다. 문제는 가상 환경을 만드는 방법이 하나가 아니므로 어떤 상황에서 어떤 것을 선택해야 할지 헷갈리는 것이다. venv, virtualenv, conda 등 아주 다양할 뿐 아니라 도구마다 장단점이 있어서 초보자가 그것까지 알기는 쉽지 않다.

여기서는 아나콘다 파이썬을 중심으로 이야기하고 있으므로, conda 명령을 사용해 가상 환경을 만드는 방법만 설명한다. conda는 아나콘다 파이썬을 설치할 때 함께 설치되기 때문에 아나콘다를 설치하고 나면 바로 사용할 수 있다. 이것은 명령줄(윈도우의 아나콘다 프롬프트나 맥의 터미널 앱) 프로그램으로, 명령줄 도구에 익숙하지 않은 독자라면 까다롭게 느낄 수도 있을 것이다.

conda는 가상 환경을 관리하는 것 외에 해당 가상 환경에 사용될 패키지를 관리하는 기능도 함께 갖고 있다. 여기서는 먼저 codna 명령을 사용해 가상 환경을 만들고 활성화하고 비활성화하는 방법을 우선 소개하며, 뒤에서 파이썬 패키지를 관리할 때도 이 명령을 다시 사용할 것이다.

이제 가상 환경을 만들어보자.

1. 윈도우 컴퓨터라면 위에서 소개한 아나콘다 프롬프트를 실행한다. 맥 OS에서는 터미널Terminal 앱을 실행한다.

2. 만들 콘다 가상 환경의 이름을 my_first로 하려고 한다. 다음과 같은 명령을 실행하면 my_first라는 가상 환경이 생성된다. 여기서 프롬프트는 맥 OS에서 쓰는 $를 사용했는데, 윈도우라면 >로 돼 있을 것이다. 명령을 입력할 때 이것은 제외하고 입력한다.

```
$ conda create --name my_first python=3.9
```

축약형으로 다음과 같이 사용할 수도 있다.

```
$ conda create -n my_first python=3.9
```

끝에 있는 python=3.9는 우리가 사용할 파이썬 버전을 명확히 하려는 의도에서 명시적으로 지정한 것이다. 중간에 삽입된 기호인 = 전후에 공백이 들어가면 안 된다는 점은 주의하자. 이는 셸 명령의 원칙 때문에 그렇다.

3. 명령이 실행되면 가상 환경에 대한 폴더 위치를 알려줄 것이다. 아나콘다 파일들이 들어있는 anaconda3 폴더 안의 envs/my_first 폴더에 가상 환경이 만들어진다. 진행할지 여부를 묻는 질문에 yes를 입력하면 작업이 진행된다.

4. 진행되고 나면 끝에 다음과 같은 안내가 나온다.

```
# To activate this environment, use
#
#     $ conda activate my_first
#
# To deactivate an active environment, use
#
#     $ conda deactivate
```

즉, 가상 환경을 활성화하려면 conda activate my_first 명령을 실행하고, 비활성화하려면 conda deactivate를 사용하라는 의미다. 이 명령은 암기해야 한다.

5. 콘다 가상 환경 my_first가 생성됐다. 이것을 사용하려면 아까 암기한 명령을 실행해 활성화한다.

```
$ conda activate my_first
```

콘다 가상 환경이 활성화되면 명령 프롬프트의 앞에 (base)라고 돼 있던 부분이 (my_first)로 바뀐다. 이는 my_first라는 가상 환경이 활성화됐음을 의미한다.

6. 활성화된 가상 환경에서 파이썬 인터프리터를 실행해보자. 다음 명령을 실행한다. 다음과 같이 실행된다면 정상적으로 작동한 것이다.

```
(my_first) ....... $ python
```

7. 이제 파이썬 인터프리터를 종료하자. 파이썬 프롬프트 >>>에 exit() 명령을 실행하면 종료된다.

8. 하려고 하는 작업이 완료됐다면 이 가상 환경을 비활성화할 차례다. 다음과 같이 실행하면 된다. 이미 활성화된 가상 환경 안에 있으므로 가상 환경 이름을 줄 필요는

없다.

```
(my_first) ....... $ conda deactivate
```

그러면 (my_first)로 시작했던 명령 프롬프트가 (base)로 돌아간다.

앞에서도 언급했지만, 이 과정은 파이썬으로 어떤 작업을 하든 거치게 되는 과정이므로 충분히 익혀둬야 한다.

몇 개월 동안 파이썬을 손놓고 있다가 다시 사용해보려고 한다. 그래서 가상 환경을 만들어뒀던 것 같은데, 이름조차도 가물가물할 수 있다. 이런 경우에 현재 내 컴퓨터에 생성돼 있는 콘다 가상 환경 리스트를 보려면 아나콘다 프롬프트(혹은 터미널)에서 다음 명령을 실행한다.

```
$ cona info --env
```

그러면 콘다 가상 환경 리스트가 출력된다. 별표는 현재 활성화된 가상 환경을 의미한다.

가상 환경을 삭제하려면 다음 명령을 실행한다.

```
$ conda env remove --name <가상 환경 이름>
```

파이썬 패키지는 가상 환경에 설치

이 책에서도 아주 다양한 파이썬 라이브러리/패키지들이 사용된다. 파이썬에서 라이브러리와 패키지는 거의 같은 의미의 용어로 사용되는데, 여기서는 패키지라고 하겠다.

가상 환경은 패키지와 아주 밀접하게 연결돼 있다. 일단 패키지가 설치되는 위치를 이해하는 것이 중요하다. 설치 명령을 뒤에서 다룰 것인데, 중요한 원칙은 패키지 설치 명령을 실행하면 활성화된 가상 환경에 설치된다는 점이다.

따라서 conda install numpy라는 명령은 numpy라는 패키지를 현재 활성화된 가상 환경에 설치한다.

그러므로 가상 환경(my_first라고 하자.)을 활성화하지 않고 이 명령을 실행하게 되면 base라고 하는 디폴트 환경에 설치된다. 이런 상태에서 my_first 가상 환경을 활성화하고 numpy를 사용하려고 하면 패키지가 설치되지 않았기 때문에 오류가 발생한다. 다시 강조하지만 사용할 가상 환경을 활성화하고 나서 패키지를 설치해야 한다.

이제 my_first 가상 환경에 numpy 패키지를 설치해보자. 아나콘다 프롬프트(윈도우)나 터미널(맥 OS)에서 다음과 같은 순서로 신행될 것이다.

```
(base) ... $ conda activate my_first
(my_first) ... $ conda install numpy
```

이렇게 패키지를 설치할 때 conda 명령은 현재 가상 환경에 있는 패키지의 의존성을 검토하고 필요한 권고 사항을 출력한다. 대부분 권고를 받아들여 yes라고 입력하면 설치가 된다. 정말 부득이하게도 파이썬 실행 버전과 패키지 간의 의존성이나 패키지들 간의 의존성을 해결하지 못한다면 패키지를 설치하지 못할 수도 있다.

파이썬 패키지 설치

파이썬 패키지를 사용하는 명령 중에서 대표적인 것으로는 pip, conda가 있다. 여기서는 conda 가상 환경을 주로 사용하기 때문에 conda 명령을 사용하는 것을 먼저 익히길 권한다. 대부분의 경우 둘 다 비슷하게 작동하지만, 안 되는 경우도 종종 있다.

패키지를 설치하는 방법은 앞에서도 설명했지만, 아나콘다 프롬프트(윈도우) 또는 터미널(맥 OS)에서 가상 환경이 활성화된 상태에서 conda install <패키지 이름>을 입력하면 된다. numpy 패키지를 설치하려면 다음과 같은 명령을 사용한다. pip 명령을 사용하는 경우라면 pip install numpy를 사용한다.

```
(myfirst)...... $ conda install numpy
```

참고로 pip 명령과 conda 명령은 약간의 차이가 있다. R 언어인 경우 패키지들이 CRAN 이라는 사이트에 저장되고, 여기서 패키지들이 다운로드된다. 미러 사이트들이 여러 곳에 있지만, 개념적으로는 한 곳에서 관리되는 것이다. 파이썬 패키지들은 사용하는 툴에 따라 다르다. pip 명령은 PyPI라 불리는 사이트에서 다운로드되고, conda는 https://anaconda.org/에서 다운로드된다. conda로 설치하는 경우 패키지 버전들 간의 충돌을 해소하거나 최소화하는 과정을 거친다는 점도 조금 다르다.

이렇기 때문에 어떤 패키지가 필요해서 패키지 사이트에 접속하면, 대부분의 경우 conda를 사용하는 방법과 pip를 사용하는 방법이 같이 설명돼 있는 경우가 많다. 파이썬 패키지들은 공식 패키지 이름, 설치할 때 사용하는 이름, 파이썬 실행 환경에서 임포트할 때의 이름이 일치하지 않는 경우도 많다. 그래서 처음에 패키지를 찾을 때 구글을 검색하는 경우가 많다. 예를 들어, scikit-learn 패키지를 찾을 때 구글 검색창에 conda scikit-learn 또는 pypi scikit-learn이라는 검색어로 검색한 다음 해당 사이트 설명을 보는 방법이 도움이 된다.

⁝⁝⁝ 데이터 과학을 위한 최고의 실행 환경: 주피터 노트북

프로그래밍 언어를 사용해 소프트웨어를 만들 때는 통합 개발 환경integrated development environment이라는 도구를 갖고 작업을 한다. 데이터 분석은 어떤 것을 개발한다기보다는 데이터를 통해 인사이트를 얻어가는 과정이다. 그래서 데이터 분석 작업은 컴퓨테이셔널 노트북computational notebooks이라고 하는 환경에서 주로 작업한다. 컴퓨테이셔널 노트북 가운데 가장 많이 사용되는 것이 주피터 노트북Jupyter notebook이다.

웹에는 주피터 노트북으로 작성된 수많은 데이터 과학 튜토리얼이 존재한다. 구글 콜래보터리Google Colaboratory[1](구글 코랩)과 같이 구글 계정만 있으면 바로 사용할 수 있는 노트북 환경도 있고, 무료로 사용할 수 있는 코드 에디터인 VS Code에도 이런 노트북 기능을 추가할 수 있다. 아주 흔하다는 말은 아주 중요하고 자주 쓰이는 도구라는 뜻일 것이다.

---

1   https://colab.research.google.com/?utm_source=scs-index

따라서 데이터 과학을 공부하고자 할 경우, 주피터 노트북을 어느 정도 편안하게 사용할 수 있으면 좋을 것이다.

이제 컴퓨터에 주피터 노트북을 사용할 수 있게 만들어보자.

가상 환경에 jupyter 패키지 설치와 실행

주피터는 jupyter라는 파이썬 패키지로 제공된다. 따라서 앞에서도 강조했지만, 파이썬 패키지를 설치할 때 우선 사용할 가상 환경을 활성화한다.

```
(base)...$ conda activate my_first
(my_first) ... $
```

그다음에는 conda 명령으로 jupyter 패키지를 설치한다.

```
(my_first) ...$ conda install jupyter
```

이렇게 하면 설치된다.

jupyter는 다양한 도구로 구성된 복합 패키지다. 그 가운데 독자들이 체감할 수 있는 것은 ipython과 주피터 노트북이다. ipython은 잠시 후에 설명하기로 하고, 우선 주피터 노트북을 실행시켜보자.

jupyter 설치를 마친 후에 주피터 노트북을 실행하려면 jupyter notebook 명령을 실행한다.

```
(my_first) ...$ jupyter notebook
```

주피터 노트북은 클라이언트-서버 방식으로 실행된다. 즉, 현재의 디렉터리에서 로컬 서버가 실행된다. 그래서 아나콘다 프롬프트 또는 터미널 화면에 관련 내용들이 표시된다. 그다음에는 클라이언트인 브라우저가 실행된다.

명령줄에는 다음 그림과 같은 로그가 출력된다.

```
(my_first) brainiac@ksbdodesk ~ % jupyter notebook
[I 09:27:06.333 NotebookApp] Serving notebooks from local directory: /Users/brainiac
[I 09:27:06.333 NotebookApp] Jupyter Notebook 6.3.0 is running at:
[I 09:27:06.333 NotebookApp] http://localhost:8888/?token=9cd32be0929009f6c6bc853f439ba4b02
8b8c1928861b055
[I 09:27:06.333 NotebookApp]  or http://127.0.0.1:8888/?token=9cd32be0929009f6c6bc853f439ba
4b028b8c1928861b055
[I 09:27:06.333 NotebookApp] Use Control-C to stop this server and shut down all kernels (t
wice to skip confirmation).
[C 09:27:06.345 NotebookApp]

    To access the notebook, open this file in a browser:
        file:///Users/brainiac/Library/Jupyter/runtime/nbserver-31834-open.html
    Or copy and paste one of these URLs:
        http://localhost:8888/?token=9cd32be0929009f6c6bc853f439ba4b028b8c1928861b055
     or http://127.0.0.1:8888/?token=9cd32be0929009f6c6bc853f439ba4b028b8c1928861b055
```

그리고 나서, 그림과 같이 기본 사용 브라우저(크롬 브라우저를 권장)에서 노트북 대시보드 화면이 자동으로 열린다.

![Jupyter 대시보드 화면: Files, Running, Clusters 탭과 디렉터리 목록 — anaconda3(2년 전), AndroidStudioProjects(일년 전), Applications(2년 전), Desktop(한 달 전), development(5달 전), Documents(20시간 전), Downloads(13시간 전), Dropbox(11시간 전)]

일단 로그 출력에서 http://127.0.0.1:8888이라고 출력되는 내용을 확인한다. 주소가 〈127.0.0.1〉이라고 하는 것은 localhost로, 즉 현재의 로컬 컴퓨터에서 서버가 실행되고 있다는 것을 알려준다. 뒤에 8888은 포트 번호다. 따라서 위 브라우저를 닫고 다시 들어가려면, 로그 화면에 표시된 URL을 사용해 들어가면 된다. 컴퓨터에 이미 다른 주피터 노트북이 실행되고 있다면 자동으로 다른 포트가 사용된다.

URL 뒷부분에 나오는 ?token=9cd3....은 token으로 현재 실행되고 있는 토큰이다. 이는 노트북 보안, 사용자 인증과 관련된 것으로, 노트북이 실행되고 있는 브라우저를 닫고 나서 다시 들어가려고 할 때 이 값을 요구받을 수 있다. 그런 경우 그 값을 복사해 실행하면 된다. 주피터 노트북은 웹 서버에 올려서 여러 사람이 사용할 수 있도록 구성할 수도 있고, 이런 경우 보안이 중요하다. 하지만 로컬 컴퓨터에서 자기 혼자만 사용하는 경우에는 그다지 중요하지 않다.

주피터 노트북의 서버는 jupyter notebook이 실행되는 디렉터리를 루트^{root} 디렉터리로 삼아서 실행된다. 그렇기 때문에 윈도우 아나콘다 프롬프트, 맥 OS에서의 터미널을 처음 시작하는 경우 시스템의 홈 디렉터리에서 시작하기 때문에 여기서 jupyter notebook을 실행하는 경우에는 이 디렉터리가 루트 디렉터리가 된다. 홈 디렉터리가 아닌 작업 디렉터리에서 실행하는 방법은 뒤에서 설명한다.

서버를 중단시키려면, 아나콘다 프롬프트/터미널에서 **Ctrl + C**를 입력하고 **Enter** 키를 누르면 된다. 물론 다시 실행하려면 jupyter notebook 명령을 다시 실행한다.

주피터 노트북 실행시키기

앞의 과정을 다시 한 번 반복해보자.

1. 아나콘다 프롬프트(윈도우) 또는 터미널(맥 OS)을 실행한다.

2. 가상 환경을 활성화한다.

```
(base) ...$ conda activate my_first
```

3. jupyter notebook을 실행한다.

```
(my_first) ... $ jupyter notebook
```

이렇게 하면 컴퓨터의 디폴트 브라우저에서 다음과 같이 주피터 노트북 대시보드 페이지가 열린다. 이 화면을 대시보드라고 부른다.

대시보드에서 새로운 노트북을 만들려면 오른쪽에 있는 **New** 버튼을 클릭한다.

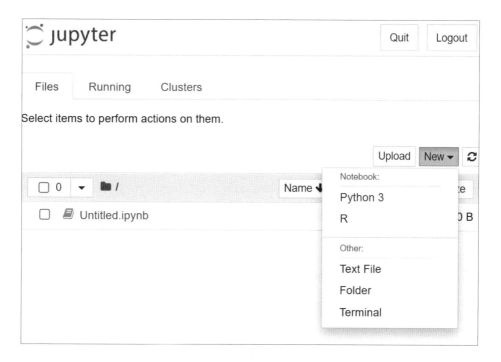

이 버튼을 클릭하면 사용할 언어를 선택할 수 있다. 이것을 주피터 용어로 말하면 커널 kernel이라고 한다. 처음 사용하는 경우에는 아마도 **Python 3**만 나올 것이다. 나의 경우에는 컴퓨터에 R 언어에 대한 커널이 이미 만들어져 있으므로 이것이 표시된 것이다. 커널의 개념은 뒤에서 다시 설명한다. 여기서는 우선 **Python 3**를 클릭한다. 이것은 파이썬 3라는 커널을 사용하는 주피터 노트북 파일을 만든다는 의미다.

이렇게 하면 브라우저의 새 탭에 다음과 같은 화면이 새로 생긴다.

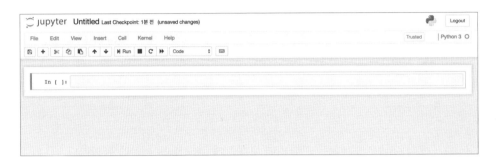

화면은 간략하게 구성돼 있다. 여기서 꼭 알아야 하는 몇 가지 중요한 사용법을 익히자.

우선 파일 이름 수정이다. 새로운 주피터 노트북 파일은 디폴트로 'Untitled 1'이라는 이름이 붙는다. 이것을 바꾸려면 화면 상단에 보이는 **Untitled1**을 클릭해 이름을 바꾸면 된다. my_first_notebook이라고 해본다. 대화창에서 이것을 입력하고 나면 노트북 화면이 바뀌는 것을 확인할 수 있다.

노트북 오른쪽 위를 보면 **Python 3**가 보인다. 이는 현재 노트북이 'Python 3'라는 커널을 사용하고 있음을 알리고 있다. 커널은 현재 노트북의 코드가 실행되는 실제 엔진이라고 이해하면 된다.

화면 아래 부분은 코드, 텍스트를 입력하는 곳으로 셀cell이라고 부른다. 셀은 크게 코드 셀Code cell과 마크다운 셀Markdown cell로 구분된다. 라우 셀Raw cell이 있기는 하지만, 처음에는 무시할 수 있을 만큼 사용할 기회가 거의 없을 것이다. 현재 셀에 커서를 뒀을 때 중간의 툴바에서 **Code**라는 버튼이 보일 것이다. 이것은 현재 셀이 코드 셀임을 알려준다. 마크다운 셀로 바꾸려면 **Code** 툴바를 클릭해 **Markdown**을 선택한다. 코드 셀과 마크다운 셀은 모양과 용도가 다르다.

- **코드 셀**: 보통 초록색 테두리를 갖고 있으며, 앞에 In []가 보인다. 코드 셀에는 코드를 입력한다.

- **마크다운 셀**: 보통 파란색 테두리를 갖고 있으며, In []가 보이지 않는다. 이것은 마크다운으로 텍스트를 입력하는 곳이다.

셀에 있는 내용을 실행시킬 때는 코드 셀이든 마크다운 셀이든 상관없이 **Shift + Enter** 키를 사용하거나 툴바에 있는 **Run** 버튼을 클릭한다. 많이 사용할 것이므로 반드시 이 단축키는 암기하는 것이 좋다.

첫 번째 코드 셀에 다음 명령을 입력해보자.

```
import sys
sys.version_info
```

그런 다음 **Shift + Enter**를 눌러 실행시킨다. 그러면 결과가 코드 셀 바로 아래에서 표시된다.

두 번째 셀은 마크다운으로 변경해 다음 내용을 입력해보자.

```
처음 사용해 보는 주피터 노트북이다.
```

내용을 입력한 후 **Shift + Enter**를 눌러 실행시킨다. 텍스트를 입력한 후 실행한다는 말이 좀 이상할 수도 있는데, 입력한 것은 마크다운 텍스트다. 이것을 실행하면 실제 HTML로 바뀐다.

노트북에서는 셀의 실행 결과가 셀 바로 아래에 출력된다. 이렇게 노트북은 그 실행 결과를 바로 화면에 출력해주기 때문에 무척 편리하다.

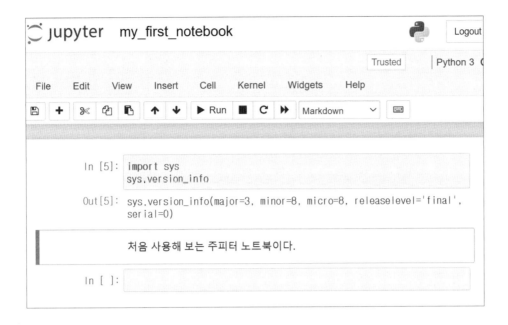

작업을 모두 마친 후에는 대시보드로 돌아간다. 대시보드로 돌아가려면 노트북 왼쪽 위에 있는 **Jupyter** 로고를 클릭한다.

대시보드에는 **Files**, **Running**, **Clusters**라는 탭이 보일 것이다. 현재 실행 중인 노트북은 **Running** 탭을 클릭해 확인할 수 있고, 여기서 노트북을 중단shutdown시킬 수 있다.

실제로 서버를 중단시키려면 아나콘다 프롬프트/터미널로 가서 **Ctrl** + **C** 단축키를 사용한다.

주피터 노트북 파일

주피터 노트북 파일은 .ipynb라는 확장자를 사용한다. 이 파일은 기본적으로 텍스트 파일로 저장되기는 하지만 내부 포맷은 JSON 형태로 돼 있다. 따라서 일반 텍스트 에디터로 이 파일을 열어 편집하기는 쉽지 않다.

데이터 과학을 하는 사람들은 자신의 발견을 보통 이 .ipynb 노트북 파일을 사용해 다른 사람과 공유하고 소통한다. 필요에 따라 다른 문서 포맷으로 바꿀 수도 있다.

뒤에서는 제이크 밴더플라스$^{Jake\ Vanderplas}$라는 데이터 과학자가 자신의 책 『Python Data Science Handbook』의 내용을 대중과 공유하는 방식을 예로 들어 설명하겠다. 실제로 주피터 노트북은 데이터 과학자들이 저술 활동을 할 때 가장 많이 사용하는 툴이다.

프로젝트 폴더에서 주피터 노트북 실행하기

앞에서 설명했지만, 주피터 노트북은 jupyter notebook 명령이 실행되는 디렉터리를 루트 디렉터리로 해서 실행된다.

윈도우 아나콘다 프롬프트나 터미널을 실행했을 때 처음 위치하는 곳은 보통 사용자의 홈^{home} 디렉터리다. 그래서 디렉터리를 변경하지 않고 jupyter notebook 명령을 실행하면 이 홈 디렉터리가 루트 디텍터리가 된다.

따라서 작업하는 공간인 프로젝트 디렉터리로 이동한 후에 가상 환경을 활성화하고 나서 jupyter notebook 명령을 실행하면 이 프로젝트 디렉터리가 루트 디렉터리가 된다. 그러므로 아나콘다 프롬프트/터미널에서 cd 명령을 사용해 사용할 프로젝트를 찾아 들어간 다음 jupyter notebook을 실행하는 것이 일반적이다.

맥 OS에서는 파인더를 사용할 때, 디렉터리를 선택하고 오른쪽 마우스 버튼을 클릭한 후 **폴더에서 새로운 터미널 열기**를 클릭하면 선택된 디렉터리로 바로 이동한다.

윈도우 사용자들은 아나콘다 프롬프트를 실행하고 나서 cd 명령으로 프로젝트 디렉터리를 찾아간 다음 jupyter notebook 명령을 실행한다. 물론 이 경우에도 가상 환경을 활성화한 후에 해야 한다.

아래 그림과 같이 윈도우 탐색기에서 프로젝트 폴더로 이동하고, 주소창을 클릭해 주소를 복사한 다음 cd 명령 뒤에 붙여서 실행하면 쉽다.

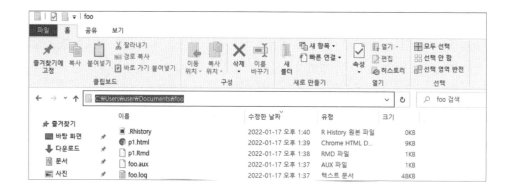

주피터 노트북의 발전된 형태: 주피터랩

주피터랩JupyterLab은 주피터 노트북을 좀 더 발전시킨 노트북 소프트웨어다. 사용자의 선호에 따라 다를 수는 있는데, 주피터 노트북보다 좀 더 모던한 사용자 인터페이스를 제공한다. 주피터 노트북은 미니멀한 것이 장점이라면, 주피터랩은 데이터 과학을 할 때 많이 사용되는 편의 기능들이 다수 들어가 있는 것이 장점이다.

https://jupyter.org/install.html을 보면 주피터랩 설치에 관한 안내를 볼 수 있다. 여기서는 conda 명령을 사용해 설치한다.

1. 윈도우 아나콘다 프롬프트 또는 맥 OS에서 터미널을 실행한다.

2. 설치하고 사용할 콘다 가상 환경을 활성화한다.

```
(base) ...$ conda activate my_first
```

3. 가상 환경이 활성화된 상태에서 다음 명령을 실행한다.

```
(my_first) ...$ conda install -c conda-forge jupyterlab
```

여기서 -c 옵션은 채널channel을 가리키는 것으로, conda-forge 사이트에서 설치한다는 의미다.

이렇게 설치가 완료되면, 프로젝트 디렉터리로 이동한다. 그다음에는 아래 명령을 실행한다.

```
(my_first) ...$ jupyter lab
```

jupyter lab이라 해도 되고, jupyter-lab이라 해도 괜찮다.

실행되는 방법은 주피터 노트북과 거의 비슷하다. 그러나 웹 브라우저에서 실행되는 클라이언트 앱은 많이 달라 보인다. 다음 그림과 같이 실행된다.

내 컴퓨터에는 여러 가지 언어에 대한 커널이 설치돼 있어서 이렇게 보이는 것이다. 파이썬 커널만 있는 경우에는 'Python 3'만 보일 것이다.

새로운 노트북을 만들려면 론처Launcher에서 해당 버튼을 클릭한다. 이 론처가 보이지 않으면, 왼쪽 위에서 파란색으로 보이는 + 버튼을 클릭하면 된다. 새로운 노트북을 만들면 다음 그림과 같이 보일 것이다. 주피터 노트북과 거의 비슷하며, 사용법도 동일하다.

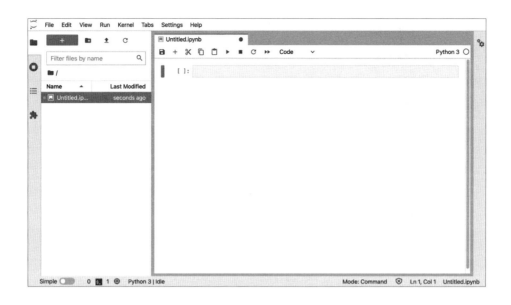

주피터 노트북, 주피터랩 모두 주피터 프로젝트 팀에서 개발하고 유지하는 오랜 역사를 가진 오픈소스 프로젝트다.[2] 그 시작은 IPython 프로젝트다.

플레인 파이썬 인터프리터, 파이썬 스크립트 실행, ipython 인터프리터

파이썬은 컴파일이 필요 없는 인터프리터형 언어다. 파이썬 인터프리터는 대화형으로 파이썬 코드를 실행해볼 수 있는 소프트웨어를 말한다. 즉, 명령을 입력하고 **Enter** 키를 누르면, 인터프리터가 그것을 계산하고 계산된 결과를 바로 보여준다. 따라서 간단한 코드를 연습해볼 때 편리하다.

먼저 플레인plain 파이썬 인터프리터를 사용해보자.

앞에서 파이썬 가상 환경은 특정 버전의 파이썬 인터프리터와 패키지들의 조합으로 구성된 독립된 실행 환경이라고 설명했다. 일을 하다 보면, 하나의 컴퓨터에 여러 가상 환

---

2   https://jupyter.org/about을 참고한다.

경을 만들어놓고 사용하게 된다. 여러 가상 환경이 있을 때 특정 가상 환경의 파이썬을
실행시키거나 VS Code와 같은 에디터 또는 R 언어 작업 환경인 RStudio 등에서 특정
가상 환경의 파이썬을 연결시킬 필요가 생긴다.

먼저 명령줄에서 특정 가상 환경의 파이썬을 사용하려면 다음과 같이 가상 환경을 활성
화하고 나서 파이썬을 실행하면 된다.

1. 아나콘다 프롬프트 또는 터미널을 실행한다.

2. 가상 환경을 활성화한다.

```
(base)...$ conda activate my_first
```

3. 가상 환경이 실행되면 앞의 (base)가 (my_first)로 바뀐다. 이제 python 명령을 실행
   한다.

```
(my_first) ... $ python
```

그러면 다음과 같이 실행된다.

```
(my_first) ...... % python
Python 3.9.9 | packaged by conda-forge | (main, Dec 20 2021, 02:41:07)
[Clang 11.1.0 ] on darwin
Type "help", "copyright", "credits" or "license" for more information.
information.
>>>
```

끝에 >>>는 파이썬 프롬프트다. 여기에 파이썬 코드를 입력하고 **Enter** 키를 누르면 코
드가 실행된다.

이렇게 한 줄씩 실행해보기도 하지만, 파이썬 코드들을 모아서 한꺼번에 실행시킬 수도
있다. 파이썬 파일은 .py라는 확장자를 사용한다. 플레인 텍스트 에디터를 갖고 다음과
같은 코드를 hello.py에 입력했다고 해보자.

```
import sys
print(sys.version_info)
print("Hello, Python!")
```

이 파일을 실행할 때는 아나콘다 프롬프트나 터미널에서 다음과 같이 실행한다. 현재 디렉터리에 hello.py가 있다고 가정한다.

```
(my_first)...$ python hello.py
```

그러면 화면에 다음과 같이 출력된다.

```
'3.9.9 | packaged by conda-forge | (main, Dec 20 2021, 02:41:07) \n[Clang
11.1.0 ]'
Hello, Python!
```

이 경우에도 가상 환경을 활성화한 후 python을 실행한 점에 주의한다. 이렇게 했을 때 활성화된 파이썬 버전이 실행되는 것이다.

이처럼 플레인 파이썬만을 사용하는 경우에는 인터랙티브 환경에서 빠져나와 python 명령으로 코드를 실행해야 한다. 그리고 파이썬 작업을 하다 보면, 파일 작업을 해야 할 수도 있고 패키지를 추가로 설치해야 할 수도 있다. 이런 것을 귀찮게 여겼던 사람이 있다.

페르난도 페레즈(IPython 프로그래밍 환경의 창시자)

페르난도 페레즈Fernando Pérez는 작업하던 환경을 빠져나가지 않고 과학 계산과 관련된 대부분의 작업을 할 수 있는 인터페이스를 원했으며, 그런 이유로 2001년 IPython 프로젝트가 시작됐다. 사용자 인터랙션 기능의 향상을 중점적으로 고려해 'Interactive Python'이라는 뜻에서 IPython이라 명명했다고 한다. 이 프로젝트는 혁신에 혁신을 거듭해서 지금까지 이어져 오고 있다. 앞에서 본 주피터 노트북, 주피터랩부터 뒤에서 볼 구글의 코랩까지 모두 주피터 생태계에서 영향을 받았다.

여기서 향상된 파이썬 인터프리터가 어떤 것인지 들여다보자. 이것을 ipython이라고 부르는데, 이 ipython은 앞에서 주피터 노트북을 설치할 때 같이 설치된다. 물론 이것 자체만 따로 설치하는 방법도 있으며, 구글에서 conda ipython으로 검색하면 쉽게 찾을 수 있다.

ipython을 실행해보자. 가상 환경이 활성화된 상태로 이번에는 python 명령이 아닌 ipython을 실행한다.

```
(my_first)...$ ipython
```

그러면 다음과 같이 실행된다.

```
(my_first) seokbumko@SEOKui-MacBookPro ~ % ipython
Python 3.9.9 | packaged by conda-forge | (main, Dec 20 2021, 02:41:06)
Type 'copyright', 'credits' or 'license' for more information
IPython 7.30.1 -- An enhanced Interactive Python. Type '?' for help.

In [1]:
```

플레인 파이썬 인터프리터와의 차이점으로 우선 프롬프트가 다르다는 것을 꼽을 수 있다. In [1]:로 돼 있다. 파이썬 코드를 실행하는 방법은 똑같다.

ipython 인터프리터 좀 더 들여다보기

ipython을 잘 사용할 수 있도록 알리는 것도 ipython의 기능을 설명하는 한 가지 이유라고 할 수 있다. 하지만 이런 기능들이 앞에서 살펴본 주피터 노트북이나 주피터랩에서 그대로 이어진다는 점이 더 중요한 이유다. 또한 앞에서 주피터 커널을 언급했는데, 그 주피터 커널의 본체가 ipython이다. 주피터 노트북이나 주피터랩에서 디폴트 파이썬 커널이 바로 ipython으로, 주피터 노트북과 주피터랩의 화면은 사용자와 맞닿은 사용자 인터페이스이고, 코드는 ipython으로 보내져 계산되며, 그 계산된 결과가 다시 사용자 인터페이스로 돌아와 사용자에게 보여지는 것이다. 아주 정확히는 ipykernel인데, 처음 사용자들은 ipython과 거의 동일하게 봐도 무방하다.

따라서 독자들은 여기서 배운 내용을 주피터 노트북/주피터랩의 셀에서 그대로 사용할 수 있다.

도움말과 객체 조사

전통적인 파이썬 셸에서도 help() 함수를 실행하면 도움말을 일부 볼 수 있다. ipython 에서는 도움말 기능이 대폭 강화됐다.

다음은 L이라는 리스트를 만들고 L?를 실행해 해당 객체에 대한 정보를 알아보는 과정(객체 조사introspection)이다. 이처럼 객체?와 같은 형태를 사용하면 객체에 대한 자세한 정보를 얻을 수 있다.

```
In [7]: L = [ 2, 5, 7, 1]

In [8]: L?
Type:        list
String form: [2, 5, 7, 1]
Length:      4
Docstring:
list() -> new empty list
list(iterable) -> new list initialized from iterable's items

In [9]:
```

??는 소스 코드를 확인할 때 주로 사용된다. 두 개의 물음표니까 좀 더 깊은 정보를 얻는다고 생각하면 된다. 다음은 사용자 정의 함수를 만들고, 그 소스 코드를 확인한 경우다.

```
In [22]: def add(x, y):
   ...:        """return the sum of two values"""
   ...:        return x + y
   ...:
   ...:

In [23]: add??
Signature: add(x, y)
Source:
def add(x, y):
    """return the sum of two values"""
    return x + y
File:       ~/Documents/<ipython-input-22-9c7214024168>
Type:       function
```

도움말이 아주 긴 경우, 다음 페이지로 넘어갈 때는 스페이스 키를 누르고 도움말을 빠져나올 때는 **q** 키를 누른다.

도움말은 어떤 객체에 한정되지 않는다. 다음과 같이 패키지에 대한 정보도 얻을 수 있다.

```
In [1]: import os

In [2]: ?os
Type:        module
String form: <module 'os' from '/opt/homebrew/Caskroom/miniforge/base/envs/
my_first/lib/python3.9/os.py'>
File:        /opt/homebrew/Caskroom/miniforge/base/envs/my_first/lib/
python3.9/os.py
Docstring:
OS routines for NT or Posix depending on what system we're on.

This exports:
  - all functions from posix or nt, e.g. unlink, stat, etc.
  - os.path is either posixpath or ntpath
  - os.name is either 'posix' or 'nt'
  - os.curdir is a string representing the current directory (always '.')
```

```
    - os.pardir is a string representing the parent directory (always '..')
    - os.sep is the (or a most common) pathname separator ('/' or '\\')
    - os.extsep is the extension separator (always '.')
    - os.altsep is the alternate pathname separator (None or '/')
    - os.pathsep is the component separator used in $PATH etc
    - os.linesep is the line separator in text files ('\r' or '\n' or '\r\n')
    - os.defpath is the default search path for executables
    - os.devnull is the file path of the null device ('/dev/null', etc.)

    Programs that import and use 'os' stand a better chance of being
    portable between different platforms.  Of course, they must then
    only use functions that are defined by all platforms (e.g., unlink
    and opendir), and leave all pathname manipulation to os.path
    (e.g., split and join).
```

탭^{TAB} 완성 기능도 아주 유용하게 사용된다. 우선 탭 완성 기능을 잘 사용하면 타이핑을 줄일 수 있다. 다음 그림과 같이 좀 복잡한 객체 이름을 사용하는 경우, 맨 앞의 알파벳을 입력하고 탭 키를 누르면 현재 환경에서 이후에 나올 수 있는 텍스트를 보여준다. 입력하는 텍스트가 더 길어질수록 탭 자동 완성의 가치는 높아진다. 사실 이런 기능이 없으면 객체의 이름을 짧게 만들게 되고, 결국에는 코드를 이해하기가 어려워진다. 객체의 이름을 기술하는 형태로 이름을 만드는 것이 좋기 때문에 좀 길더라도 그렇게 이름을 붙이고, 사용할 때는 이런 탭 완성 기능을 활용하는 것이 좋다.

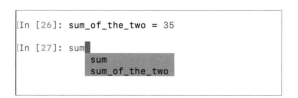

탭 완성 기능

이 정도의 탭 완성 기능은 텍스트 에디터라면 거의 대부분 존재하는 것이다. 그런데 ipython에서 이 자동 완성 기능은 훨씬 더 광범위하게 사용된다.

파이썬 패키지를 로딩할 때도 자주 사용한다. 다음은 matplotlib의 서브 패키지를 확인하기 위해 import matplotlib.까지 입력하고 탭 키를 누른 상태다. 여기서 필요한 패키지 이름을 확인하고 로딩할 수 있다.

```
In [13]: import matplotlib.  TAB
matplotlib.afm              matplotlib.textpath         matplotlib.hatch
matplotlib.animation        matplotlib.ticker           matplotlib.image
matplotlib.artist           matplotlib.tight_bbox       matplotlib.importlib
matplotlib.axes             matplotlib.tight_layout     matplotlib.inspect
matplotlib.axis             matplotlib.transforms       matplotlib.io
matplotlib.backend_bases    matplotlib.tri              matplotlib.legend
matplotlib.backend_managers matplotlib.ttconv           matplotlib.legend_handler
matplotlib.backend_tools    matplotlib.type1font        matplotlib.lines
...                         ...                         ...
```

탭은 패키지 임포트에서도 유용하게 사용된다.

파이썬은 객체지향형 언어다. 파이썬에서는 객체의 속성이나 객체의 메서드에 접근할 때 점dot을 사용한다. 한 객체에 어떤 속성이나 메서드가 있는지 알아볼 때도 탭 자동 완성 기능이 많이 사용된다. 다음의 경우 x가 파이썬 리스트이므로 그림과 같이 보이게 된다.

```
In [12]: x = [1, 2, 3, 4]

In [13]: x.  TAB
append  clear  copy  count  extend  index  insert  pop  remove  reverse  sort
```

객체의 속성이나 메서드를 파악할 때도 탭이 유용하다.

효율적인 코드 편집

기본적으로 ipython은 파이썬 코드를 편리하게 작성할 수 있도록 지원하며, 파이썬은 블록을 들여쓰기로 정의한다. 보통 네 개의 스페이스를 사용하는데, ipython에는 자동 들여쓰기 기능이 있다.

한 행의 코드를 작성할 때 다음 두 가지 단축키는 알고 있는 것이 좋겠다. 다른 것도 있지만, 적어도 이 두 가지 단축키가 가장 많이 사용되고 ipython과 주피터 노트북 모두에서 적용되기 때문이다.

- **Ctrl-A**: 코드의 맨 앞으로 커서가 이동한다.

- **Ctrl-E**: 코드의 맨 뒤로 커서가 이동한다.

그리고 화면을 정리하는 **Ctrl-L**도 많이 사용된다.

매직 명령

ipython에서는 파이썬 코딩 작업을 하면서 유용하게 사용할 수 있는 툴들을 매직 명령 magic command을 통해 지원한다. 매직 명령은 라인 매직과 셀 매직으로 나뉜다.

- **라인 매직 명령**: %로 시작하고, 하나의 입력 라인에만 작동한다.

- **셀 매직 명령**: %%로 시작하고, 복수의 입력 라인에서 작동한다.

매직 명령 리스트를 보려면 **%lsmagic**이라는 라인 매직 명령을 실행한다. 사용할 수 있는 매직 명령은 윈도우와 맥 등 시스템에 따라 조금 다르다.

```
In [1]: %lsmagic
Out[1]:
Available line magics:
%alias %alias_magic %autocall %autoindent %automagic %bookmark
%cat %cd %clear %colors %config %cp %cpaste %debug %dhist %dirs
%doctest_mode %ed %edit %env %gui %hist %history %killbgscripts
%ldir %less %lf %lk %ll %load %load_ext %loadpy %logoff %logon
%logstart %logstate %logstop %ls %lsmagic %lx %macro %magic %man
%matplotlib %mkdir %more %mv %notebook %page %paste %pastebin %pdb
%pdef %pdoc %pfile %pinfo %pinfo2 %popd %pprint %precision %profile
%prun %psearch %psource %pushd %pwd %pycat %pylab %quickref %recall
%rehashx %reload_ext %rep %rerun %reset %reset_selective %rm %rmdir
%run %save %sc %set_env %store %sx %system %tb %time %timeit
%unalias %unload_ext %who %who_ls %whos %xdel %xmode

Available cell magics:
%%! %%HTML %%SVG %%bash %%capture %%debug %%file %%html %%javascript
%%js %%latex %%markdown %%perl %%prun %%pypy %%python %%python2
%%python3 %%ruby %%script %%sh %%svg %%sx %%system %%time %%timeit
```

```
%%writefile

Automagic is ON, % prefix IS NOT needed for line magics.
```

먼저 제일 마지막 문장에서 오토매직이 ON 상태임을 알려주고 있다. 이것은 라인 매직을 쓸 때 %를 쓰지 않아도 된다는 의미다. 이를테면 %ls라는 라인 매직을 쓸 때, 그냥 ls라고 입력해도 된다는 의미다. 꼭 쓰도록 만들고자 할 경우, %automagic 명령을 주면 토글로 OFF로 바꿀 수 있다.

그리고 이런 매직 명령에 대한 설명은 다음과 같이 실행했을 때 나타나는 문서에서도 볼 수 있다.

```
In [17]: %magic

IPython's 'magic' functions
===========================

The magic function system provides a series of functions which allow you to
control the behavior of IPython itself, plus a lot of system-type
features. There are two kinds of magics, line-oriented and cell-oriented.

...
```

이런 매직 명령들은 ipython 커널의 내부 기능으로 구현돼 있다. 주피터 노트북이나 주피터랩에서도 파이썬을 IPython 커널을 통해 사용할 때(물론 이것이 디폴트다.) 이 매직 명령들을 그대로 사용할 수 있다.

모든 매직 명령을 설명하지는 않으며, 설명되지 않은 경우는 도움말을 활용한다. 예를 들어 %run 매직 명령에 대한 사용법을 보려면 다음과 같이 실행한다.

```
In [10]: %run?
```

이제 사용되는 예를 보자. %mkdir이라는 매직으로 디렉터리를 만들고, %cd로 만든 디렉터리로 이동하고, 여기에 파이썬 스크립트(텍스트 파일)를 작성하고(%%writefile), 텍스트 파일의 내용을 확인하고(%cat), 그 파일이 존재하는지 확인하고(%ls), 그 안에 있는 파이썬 코드를 로딩(%load)한 후 실행(%run)해보고자 한다.

디렉터리를 만들고, 이동한다.

```
In [48]: %mkdir my_ex

In [49]: %cd my_ex
/Users/koseokbum/Documents/ex/my_ex
```

my_ex.py라는 스크립트를 만든다. %%writefile은 셀 매직이다. 이 매직 명령 다음에 파일명을 주고, 그다음 줄부터 바로 내용을 입력한다. 빈 줄에서 **Enter** 키를 누르면 파일 작성 모드에서 빠져나오게 된다. 이렇게 여러 행에 걸쳐서 진행되기 때문에 셀 매직이라고 부른다.

```
In [50]: %%writefile my_ex.py
    ...: def add(x, y):
    ...:     return x + y
    ...: print(add(2, 5))
    ...:
Writing my_ex.py
```

현재 디렉터리에 있는 파일 리스트를 %ls로 본다.

```
In [51]: %ls
my_ex.py
```

스크립트는 %run 매직 명령으로 실행한다.

```
In [52]: %run my_ex.py
7
```

스크립트 파일을 로딩한다. 그래서 현재 세션에 add() 함수가 추가되고, 이 함수를 사용할 수 있게 된다.

```
In [53]: %load my_ex.py

In [54]: # %load my_ex.py
   ...: def add(x, y):
   ...:     return x + y
   ...: print(add(2, 5))
   ...:
   ...:
7

In [55]: add(3, 5)
Out[55]: 8
```

현재 파이썬 세션에서 만들어진 객체들로는 어떤 것이 있는지 궁금할 수 있다. 이런 경우에는 %who, %who_ls, %whos라는 라인 매직을 사용한다. 각각은 이름만 출력하거나, 이름들이 들어간 리스트를 출력하거나, 표와 비슷한 형태로 출력한다.

그래픽 지원(matplotlib)과 관련된 매직 명령

요즈음에는 그래픽 관련 기술이 발전해서 그래픽을 제대로 지원한다는 것이 그다지 큰 장점으로 여겨지지 않을지도 모른다. 어찌 됐든 ipython이 일반 파이썬 레플보다 좋은 점 가운데 하나는 파이썬 그래픽 패키지의 대표 격인 matplotlib을 제대로 지원한다는 것이다.

%matplotlib이라는 매직 명령은 matplotlib이 IPython에서 무난히 사용될 수 있도록 관련된 잡다한 설정을 알아서 처리한다. 만약 이 매직 명령을 실행하지 않고 matplotlib을 사용하면 프로세스가 블로킹blocking되는 현상을 발견할 수 있다. 즉, 그래픽 창으로 컨트롤이 넘어가서 그것을 닫아야 다시 콘솔로 돌아올 수 있다. 그렇지만 %matplotlib 매직 명령을 실행하고 나서 사용하면 블로킹이 발생하지 않아 작업을 수월하게 할 수 있다.

운영체제 직접 다루기

ipython에서는 현재 세션에서 나가지 않고도 운영체제에 접근할 수 있다. 이 말은 파일 리스트 보기, 파일 찾기, 파일 삭제 등 운영체제에서 할 수 있는 거의 모든 일을 ipython 안에서 할 수 있다는 뜻이다. 더불어 현재의 파이썬 세션에서 운영체제와 소통하면서 발생하는 값들을 사용할 수도 있다.

ipython에서 기본적으로 !('뻥'이라고 읽는다.)으로 시작하는 것은 운영체제 명령이다. 이것을 사용하면 운영체제의 명령을 실행할 수 있다. 물론 ! 다음에 오는 명령은 운영체제에 의존적이다. 이를테면, 윈도우 명령줄에서는 del이라는 명령을 사용해 파일을 삭제하기 때문에 현재 디렉터리에 있는 ex.py 파일을 삭제할 때는 다음과 같이 한다.

```
In [14]: !del ex.py
```

반면 맥과 같은 유닉스 체제에서는 rm이라는 명령을 사용한다.

```
In [16]: !rm my.py
```

또 자주 사용되는 명령들은 운영체제와 상관없이 사용할 수 있도록 매직 명령으로도 만들어놓았다. 예를 들어, 맥에서는 현재의 디렉터리 경로를 보려면 시스템 명령인 !pwd를 사용하거나 %pwd 매직 명령을 사용할 수 있다. 윈도우에서는 시스템 명령인 !cd를 사용하거나 %pwd를 사용할 수 있다. 그래서 운영체제와 상관없이 %pwd라는 매직 명령을 사용하면 현재 디렉터리의 경로를 알 수 있다. 이런 식으로 사용 가능한 매직 명령들로는 다음과 같은 것들이 있다.

- **%cd 경로**: 디렉터리 변경

- **%pwd**: 현재 디렉터리 경로

- **%ls**: 현재 디렉터리에 있는 파일 리스트 출력

물론 모든 매직 명령이 윈도우 운영체제와 유닉스 운영체제와 같은 이름을 갖고 있지는 않다. 자신의 시스템에서 사용할 수 있는 매직 명령은 %lsmagic으로 확인해 사용할 것을 권한다.

코드 실행 시간과 프로파일링

코드 실행 시간을 보는 매직 명령은 %time과 %timeit이다. %time은 주어진 코드를 1회 실행하는 데 걸리는 시간을 출력하고, %timeit은 여러 번 실행해보고 평균값을 출력한다. 그래서 대부분 %timeit을 사용한다. 자체적으로 여러 번 실행하기 때문에 결과는 바로 출력되지 않고, 잠시 뜸을 들인 다음에 출력된다. 그런 다음 그 통계로서 결과를 낸다.

```
In [1]: %timeit [i**2 for i in range(1000000)]
343 ms ± 6.23 ms per loop (mean ± std. dev. of 7 runs, 1 loop each)
```

위 코드는 파이썬 리스트 컴프리헨션 [i**2 for i in range(1000000)]을 계산하는 데 소요되는 시간을 보여준다. 비슷한 내용을 파이썬 넘파이 배열로 처리했을 때 어떤 효과가 있는지 다음과 같이 비교해볼 수 있다.

```
In [2]: import numpy as np

In [3]: x = np.arange(1000000)

In [4]: %timeit x**2
818 µs ± 4.92 µs per loop (mean ± std. dev. of 7 runs, 1000 loops each)
```

결과를 보면, 실행 속도의 단위가 다를 정도로 넘파이 배열을 사용했을 때 굉장히 빠르다는 것을 알 수 있다. 이는 1,000회의 루프를 도는 것을 한 단위로 했을 때 일곱 번 실행해서 얻은 결과다. 이런 내용은 -r, -n 옵션 등으로 지정할 수 있는데, 자세한 내용은 %timeit?을 실행해 확인할 수 있다.

```
%timeit -n 100 -r 5 x**2
809 µs ± 36.4 µs per loop (mean ± std. dev. of 5 runs, 100 loops each)
```

그리고 코드가 여러 행에 걸칠 때는 %timeit의 셀 매직 버전인 %%timeit을 사용한다.

코드 디버깅

ipython에서는 강력한 코드 디버깅 기능도 제공한다. 이것까지 설명하려면 너무 길어지기 때문에 이 부분은 생략한다.

주피터 노트북 커널에 대해

주피터에서 커널kernel은 코드를 실행시키는 엔진이다. 주피터의 장점 가운데 하나는 언어에 구애받지 않는다는 점이다. 파이썬 언어와 R 언어를 비롯한 다양한 언어를 연결해 사용할 수 있는데, 해당 언어에 대한 커널만 있으면 된다.

앞에서 ipython으로 실행되는 IPython이 파이썬 언어를 위한 디폴트 커널이다. 이외에도 다양한 커널을 설치할 수 있다. jupyter kernels로 검색해 https://github.com/jupyter/jupyter/wiki/Jupyter-kernels 사이트에 접속하면 수많은 언어에 대한 커널들이 준비돼 있음을 알 수 있다.

이런 커널 역시 시스템 와이드로 설치할 수도 있고, 특정 가상 환경에만 설치할 수도 있다. 지면 관계상 이 내용까지 다루기는 어려우므로, 더 자세히 알고 싶다면 웹 검색을 활용하길 바란다.

구글 콜래보터리

구글 콜래보터리Google Colabortory(줄여서 '코랩')는 구글에서 제공하는 주피터 노트북 서비스이며, 구글 계정만 있으면 누구나 사용할 수 있다. 그리고 필요한 툴들이 이미 내장돼 있어 추가로 뭔가를 조절할 필요도 없다. 또한 GPU/TPU도 사용할 수 있으므로 딥러닝을 할 때 매우 편리하다. 다만 유료 서비스인 코랩 프로가 이 글을 쓰는 시점에 한국에서는 공식적으로 서비스되지 않는다. 하지만 검색을 해보면, 우회해서 서비스에 가입한 후 사용하는 사람이 꽤 있는 것으로 보인다.

구글 계정에 로그인된 상태에서 구글 검색창에 'google colab'이라고 입력하면 쉽게 내용을 찾을 수 있다.

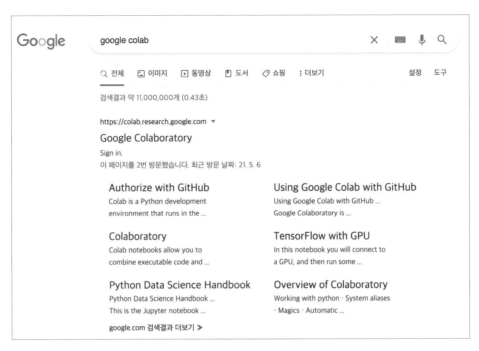

구글 코랩

사이트에 들어가 보면 다음과 같이 코랩을 사용하는 튜토리얼이 나온다. 주피터 노트북의 원리를 이해하고 있다면 금방 이해하고 사용할 수 있을 것이다.

구글 코랩 안내 문서

⠿ 주피터 노트북의 활용

주피터 노트북과 관련된 도구들은 교육과 교류에도 널리 사용된다. 그 예로, 국내에서도 번역 출간된 제이크 밴더플라스의『파이썬 데이터 사이언스 핸드북Python Data Science Handbook』(위키북스, 2017)이란 책과 책 관련 깃허브 및 웹 사이트를 소개해본다.

구글 검색창에 'data science handbook'이라고 입력하면 https://jakevdp.github.io/PythonDataScienceHandbook/ 사이트를 쉽게 찾을 수 있을 것이다.

『Python Data Science Handbook』

이 사이트에서 책을 무료로 읽을 수 있다. 파이썬 데이터 과학에서 필요한 넘파이, 판다스, 맷플롯립을 비롯해 사이킷런 등을 잘 설명해주는 훌륭한 책이다. 주피터 노트북 사용법도 잘 설명돼 있다.

사이트의 책 표지 사진 아래에는 깃허브 링크가 있다. 깃허브로 이동해보자.

How to Use this Book

- Read the book in its entirety online at https://jakevdp.github.io/PythonDataScienceHandbook/
- Run the code using the Jupyter notebooks available in this repository's notebooks directory.
- Launch executable versions of these notebooks using Google Colab: CO Open in Colab
- Launch a live notebook server with these notebooks using binder: launch binder
- Buy the printed book through O'Reilly Media

데이터 사이언스 핸드북 사용법

저자는 책을 주피터 노트북으로 작업하고 그 노트북을 깃허브에 올려서 공유하고 있다. 따라서 이 자료들을 사용하는 방법을 보면 다음과 같다.

- 주피터 노트북으로 작업하고 렌더링된 것을 사용해 웹 페이지로 보여준다.

- 깃허브에서 다운로드하고, 로컬 컴퓨터에서 주피터 노트북을 사용해 실행해본다.

- 구글 코랩에서 연결시켜 사용할 수 있다.

- 바인더binder는 웹에서 주피터 노트북 파일을 렌더링해서 보여주는 서비스다.

이와 같은 주피터는 자신의 결과를 공유하는 데도 중요한 역할을 한다. 아나콘다 (anaconda.org), 캐글Kaggle, 깃허브 등의 파이썬 데이터 과학을 설명하는 경우 주피터 노트북이 항상 사용되고 있음을 확인하게 될 것이다.

⁖ 요약

이 장에서는 주로 파이썬 데이터 과학을 하기 위한 컴퓨터 세팅에 대해 설명했다. 파이썬 과학을 처음 시작할 때 문제가 되는 것은 정보 부재가 아니라 정보 과잉이다. 파이썬 패키지의 설치만 해도 pip, conda, mamba 등으로 다양하다. 오픈소스의 세계는 정글과 같다. 이점도 많지만, 초보자는 항상 헷갈린다. 이 부록에서 다룬 내용이 데이터 과학과 컴퓨터에 익숙하지 않은 보건 의료 계열의 학생이나 현업 종사자가 데이터 과학을 시작할 때 그 '정글'에서 길을 잃어 시간을 낭비하지 않도록 하는 데 도움이 되길 바란다.

부록 B

주피터 노트북, 주피터랩, VS Code

주피터 노트북은 코드, 코드의 실행 결과, 텍스트, 이미지, 동영상, 인터랙티브 콘텐츠 등을 통합된 형태로 보여주는 툴이다. 또한 파이썬뿐만 아니라 수많은 컴퓨터 언어를 사용해 비슷한 작업을 할 수 있는 툴이기도 하다.

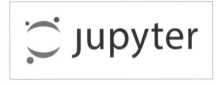

주피터 로고

이제 설치하고 바로 사용해보자.

⫸ 주피터 노트북 설치와 실행

먼저 콘다 가상 환경을 만들고, 가상 환경을 설치한다.

1. 아나콘다 파이썬을 설치한다.

2. 아나콘다 프롬프트/터미널을 실행한다.

3. 가상 환경을 만들고, 만든 가상 환경을 활성화한다.

```
(base)...$ conda create --name my_first
(base)...$ conda activate my_first
```

4. conda 명령으로 다음을 실행한다.

```
(my_first)...$ conda install jupyter
```

   또는 다음과 같이 할 수도 있다.

```
(my_first)...$ conda install -c anaconda notebook
```

5. 이제 프로젝트 폴더로 이동한다. jupyter notebook 명령을 실행한다.

```
(my_first) $ jupyter notebook
```

이 과정에는 다음 사항을 고려했다.

윈도우에서 아나콘다 프롬프트를 사용하지 않으면, 파이썬 바이너리에 대해 분명한 경로를 설정해줘야 한다. 따라서 가급적 아나콘다 프롬프트를 통해 실행할 것을 권한다. 가상 환경을 통해 사용할 파이썬 인터프리터를 명확히 한다. 따라서 가상 환경을 활성화한 다음 작업한다. jupyter notebook 명령은 이 명령이 실행되는 디텍터리가 루트 디렉터리가 되기 때문에 작업하는 프로젝트로 이동한 다음에 jupyter notebook을 실행할 것을 권한다.

jupyter notebook 명령을 실행하면, 명령줄에서 주피터 노트북에 대한 서버가 실행되고
다음과 같은 로그가 출력된다.

```
(book) $ jupyter notebook
...
[I 00:09:47.122 NotebookApp] The Jupyter Notebook is running at:
[I 00:09:47.123 NotebookApp] http://localhost:8888/?token=c43907bd69a857f6c
97ed1ac65b17c6d12398333d2e3ee68
...
```

주피터 노트북은 클라이언트/서버 방식으로 운영된다.

- **서버**: 주피터 노트북을 실행시킨 폴더가 루트 디렉터리가 된다. 주소는 http://
localhost:8888이다. 만약 이미 다른 주피터 노트북을 실행하거나 다른 이유로 8888
포트가 사용되고 있으면, 자동으로 8889 등의 포트가 사용된다.

- **클라이언트**: 시스템 디폴트 브라우저다. 사용자는 브라우저를 통해 파이썬 커널과 소
통한다.

명령줄에서는 위와 같은 메시지가 출력되고 난 후 컴퓨터에 디폴트로 설정된 웹 브라우
저에서 다음 그림과 같은 페이지가 열린다. 이것을 주피터 대시보드^{Jupyter Dashboard} 또
는 디렉터리 트리^{directory tree}라고 부른다.

노트북 대시보드 화면

이제 사용할 언어를 선택하자. 주피터 노트북에서는 이것을 커널^{kernel}이라고 한다. 대시
보드 오른쪽에서 **New** 버튼을 클릭한다. 그림에서는 하나만 보이는데, 이미 수많은 언

어에 대한 커널들이 개발돼 있고 그런 커널을 컴퓨터에 설치하면 여기에 추가로 표시된다.

대시보드 오른쪽의 New 버튼 클릭

그러면 브라우저의 새로운 탭에서 다음과 같은 노트북이 새로 생성된다.

노트북 시작 화면

이제 노트북 작업을 시작하면 된다. 먼저 파일 이름을 지정하자. 상단의 **Untitled**를 클릭해 원하는 이름을 지정한다.

상단의 Utitled를 클릭해 파일 이름 입력(MNIST)

코드, 텍스트 등을 다음과 같이 입력하고 실행한다. 실제 입력하는 방법은 뒤에서 설명한다.

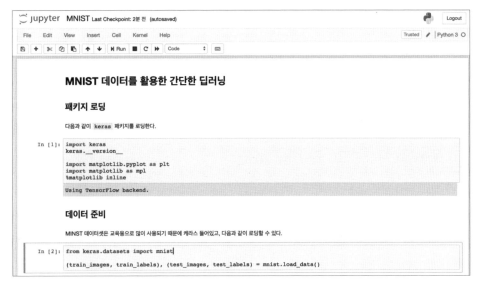

노트북 작성

노트북 왼쪽 위의 주피터 로고를 클릭하면 대시보드(Home 탭)로 돌아간다. 여기서 해당 노트북이 실행되고 있음을 확인할 수 있다.

이 노트북이 실행되고 있음을 확인할 수 있다.

이제 **Running**이라고 돼 있는 탭을 클릭하자. 여러 파일이 있을 때 여기서 실행되고 있는 파일들을 확인하자.

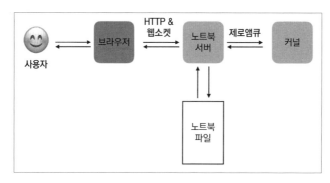

Running 탭

오른쪽에 보이는 **Shutdown** 버튼을 클릭하면 실행이 중지된다. 시작하려면 **Files** 탭으로 돌아온 후 다시 파일을 클릭하면 된다.

만약 브라우저에서 노트북 화면, 대시보드가 모두 닫혔고 서버는 계속 돌아가고 있다면, 다시 브라우저에 http://localhost:8888을 입력하면 된다. 그런 경우 토큰을 물을 수도 있다. 토큰은 명령줄 로고에 출력돼 있다. 그 값을 복사해서 넣으면 된다.

현재 주피터를 완전히 중지시키려면 아나콘다 프롬프트/터미널로 돌아와서 **Ctrl + C**를 누른다. 그러면 서버가 중단되면서 주피터가 중지된다.

주피터의 작동 방식을 좀 더 이해해보자. 커널은 계산 엔진이다. 앞의 사용 예에서 대시보드의 **New** 버튼을 클릭한 후 **Python3**를 선택했는데, 이 선택이 사용되는 커널을 선택하는 과정이다.

주피터 노트북은 클라이언트-서버-커널 방식으로 작동한다. 그 작동 방식은 다음 그림과 같다.

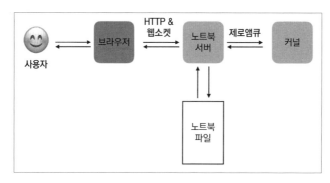

주피터 노트북 컴포넌트

166

사용자는 웹 브라우저에서 실행되는 주피터 노트북 앱을 사용한다. 이것은 하나의 클라이언트다. 노트북에 코드를 입력하고 실행시킨다. 코드는 커널로 보내지고, 커널은 코드를 실행한다. 실행된 결과는 다시 브라우저로 돌아온다. 텍스트 역시 마찬가지다. 텍스트는 마크다운으로 입력되고, 렌더링된다.

주피터 노트북 셀에 내용을 입력하는 방법

먼저 노트북 인터페이스에 익숙해질 필요가 있다.

주피터 노트북 인터페이스

- 왼쪽 위부터 주피터 노트북 로고, 노트북 파일 이름, 저장 상태가 나와 있다.

- 다음 행에 메뉴바가 있고 그 아래에 툴바가 있으며, 오른쪽에서 현재 사용되는 커널을 확인할 수 있다.

- 그다음에는 사용자가 코드나 텍스트를 입력할 수 있는 셀cell이 보인다.

셀의 종류

사용자는 셀에 코드 또는 텍스트 등을 입력하면서 노트북을 사용하게 된다.

주피터 노트북 셀에는 세 가지 종류가 있다.

- 코드 셀

  - 코드를 입력하는 셀이다. 셀에 입력된 코드는 연결된 커널로 보내져서 실행되고, 그 결과는 해당 셀 바로 아래에 출력된다.

  - 코드 셀은 앞부분에 In []:가 표시돼 있다. 코드가 실행된 경우 [] 안에 번호가 부여된다. 번호가 없다면 아직 실행된 코드가 아니다.

- 마크다운 셀

  - 마크다운을 사용해 텍스트를 입력하는 셀이다. 마크다운 셀 앞에는 아무것도 보이지 않는다.

- 라우 셀

  - 결과를 직접 입력하는 셀이다. 문서의 출력 포맷이 HTML인 경우 HTML, 레이텍LaTeX을 사용하는 경우 레이텍을 쓴다. 이 셀 타입을 사용하는 일은 매우 드물다.

노트북에 표시되는 디폴트 셀 타입은 코드 셀로, 코드를 입력해 실행하는 셀이다. 이 코드 셀을 마크다운 셀로 변환할 때는 바꿀 셀에 커서를 둔 다음, 위 그림과 같이 툴바의 상자에서 **Code**라고 돼 있는 것을 **Markdown**으로 바꾼다.

노트북 셀의 종류와 변경

뒤에서 설명한 셀 모드를 사용해 셀의 종류를 바꿀 수도 있다.

파이썬 코드의 입력과 실행

새로운 노트북을 시작하고, 이름을 지정한 후 저장한다(맨 위에 보이는 **Untitled**를 클릭하고 입력한다).

그러고 나서 첫 번째 코드 셀에 다음을 입력한다.

```python
print("Hello world")
```

그런 다음 **Shift** + **Enter** 키를 누른다. 그러면 셀 아래에 내용이 출력되고, 새로운 셀로 커서가 이동한다.

새로 생긴 코드 셀에 다음을 입력한다.

```python
1 + 2
```

이번에는 **Ctrl** + **Enter** 키를 누른다. 이번에는 셀이 실행되고 내용이 아래에 출력되는 것까지는 앞의 과정과 같은데, 새로운 셀이 생기지 않고 커서가 원래의 셀에 남아있다.

새로운 셀을 추가하려면 툴바에서 **+** 기호를 클릭한다.

코드 셀 실행하기

이 코드들이 브라우저에서 실행되는 것은 아니다. 서버로 보내진 다음에 제로앰큐 ZeroMQ를 거쳐 커널로 보내지고, 커널에서 실행된다. 실행된 결과는 다시 역으로 브라우저로 돌아오고, 결과로 출력된다.

실행된 코드 셀은 앞에 번호가 부여된다. 그리고 해당 코드 셀 아래에 그 결과가 출력된다. 값이 아닌 콘솔에 값을 프린팅하는 print("Hello World!")인 경우에는 바로 출력되지만, 값이 출력되는 경우에는 Out[2]와 같은 모습으로 출력된다.

실행했던 코드도 다시 실행할 수 있다(좋은 습관은 아니다). 커서를 해당 셀로 옮긴 다음 **Shift + Enter** 키를 누른다. 그러면 해당 셀이 4번으로 바뀐다. 이런 식으로 코드를 실행하면 코드 실행 순서가 뒤죽박죽이 될 수도 있다.

주피터 노트북의 모든 셀은 하나의 파이썬 인터프리터에서 실행된다. 따라서 앞의 셀에서 만들어진 변수를 뒤의 셀에서 다시 사용할 수 있다. 코드가 실행된 세션의 상태는 셀이 실행된 순서에 따라 다를 수 있다. 그러므로 항상 위에서 아래로 순서에 따라 코드를 실행할 것을 권한다.

출력된 결과도 모두 지우고 클린한 상태에서 시작할 때는 **Kernel → Restart & Clear Output** 메뉴를 선택한다. 지금까지 작업한 결과가 모두 삭제되고 커널이 다시 시작된다. 셀의 번호, 출력 결과도 사라진다. 그래서 **Shift + Enter** 키를 사용해 순서대로 셀을 다시 실행하거나, **Cell → Run All** 메뉴를 사용해 한꺼번에 모든 코드를 실행시킨다.

이 상태로 작업이 마무리됐는데, 나중에 새로운 코드를 추가할 일이 생겼다고 가정해보자. 2번 셀과 3번 셀 사이에 변수를 할당하고자 한다. 이런 경우 두 가지 방법을 사용할 수 있다.

- 2번 셀에 커서를 둔 다음, 메뉴에서 +를 클릭해 바로 셀을 추가한다.
- 2번 셀에 커서를 둔 다음, **Alt + Enter** 키를 사용한다. 이 경우에는 해당 셀을 다시 한 번 실행시키고, 아래에 셀을 추가한다.

Shift + **Enter**, **Ctrl** + **Enter**, **Alt** + **Enter**가 조금씩 다르다.

코드 셀의 실행과 관련된 메뉴들은 **Cell** 메뉴에 있다.

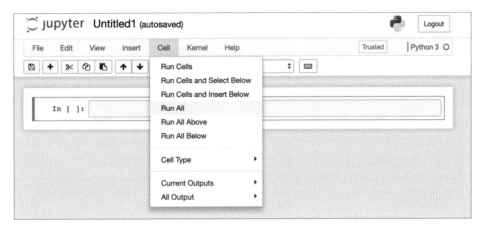

주피터 Cell 메뉴

이제는 텍스트를 입력하는 방법을 살펴보자.

텍스트 입력

텍스트는 마크다운 셀에 입력한다.

주피터 노트북의 디폴트 셀은 코드 셀이다. 그래서 텍스트를 입력할 때는 마크다운 셀로 바꿔 사용한다. 앞에서 설명한 대로 메뉴바의 **Code**라고 돼 있는 상자를 클릭해 **Markdown**으로 바꾼다. 그리고 셀 안에서 내용을 입력한다.

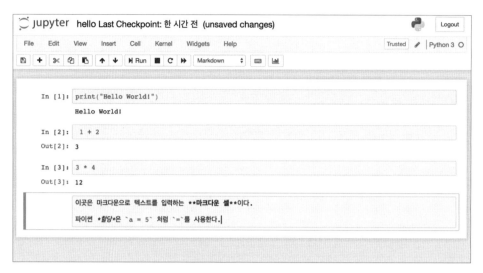

마크다운 문법을 사용해 텍스트를 입력한다.

위 그림에서 보듯이, 마크다운 셀에 마크다운으로 내용을 입력하는 경우에도 마크다운 문법에 맞게 어느 정도 렌더링돼 있는 형태로 보여주므로 편리하다.

안에 텍스트를 렌더링하는 것은 코드 셀의 실행 방법과 똑같다. **Shift** + **Enter** 키를 쓰면, 마크다운 셀이 렌더링되고 아래에 디폴트인 코드 셀이 추가된다.

셀을 추가하고 내용을 덧붙여 좀 더 일반 문서와 비슷하게 만들었다.

주피터 노트북 셀 사용

코드 입력

```
In [1]: print("Hello World!")
        Hello World!

In [2]: 1 + 2
Out[2]: 3

In [3]: 3 * 4
Out[3]: 12
```

텍스트 입력

이곳은 마크다운으로 텍스트를 입력하는 **마크다운 셀**이다.

파이썬 할당은 `a = 5` 처럼 `=`를 사용한다.

```
In [ ]:
```

좀 더 일반 문서에 가깝게 작성한다.

마크다운 HTML은 간략히 사용할 수 있게 만든 것으로, 데이터 과학자라면 반드시 알아야 한다. 웹에서 마크다운 문법에 관한 정보는 쉽게 찾을 수 있다. 마크다운은 HTML을 HTML 문법을 사용하지 않고도 간단하게 입력하는 문법 체계를 말하는 것으로, 보통은 마크다운 문법과 그렇게 작성된 텍스트를 HTML로 변환하는 프로세서로 구성된다. 마크다운 셀에 내용을 입력하고 **Shift + Enter** 키를 누르는 것은 곧 이 프로세서를 실행하는 것이라고 이해하면 된다.

셀 모드와 단축키 사용

일이 진행되면서 하나의 노트북 안에 셀은 점점 더 많아진다. 이제 이들을 효율적으로 관리하는 방법을 익힐 차례다. 이런 작업을 효율적으로 하려면 셀 모드를 알 필요가 있다.

커서가 셀 안에 있어서 내용을 입력할 수 있는 상태를 편집 모드라고 한다. 커서가 셀 주변에 있어서 셀의 이동, 복사 등과 같은 작업을 할 수 있는 상태를 명령 모드라고 한다. 이와 같은 모드를 바꾸는 방법은 **Enter** 키/ **ESC** 키를 사용하는 것이다.

- **편집 모드**Edit mode: 커서가 셀 안에 있어서 내용을 편집할 수 있는 상태를 말한다. 이 상태에서는 셀 앞에 초록색 바가 생성된다. **Enter** 키를 눌러서 들어간다.
- **명령 모드**Command mode: 셀의 종류를 바꾸거나 삭제하는 등의 명령을 실행할 수 있는 상태로, 앞에서 파란색 바를 볼 수 있을 것이다. **ESC** 키를 눌러서 들어간다.

이런 모드 상태는 노트북 오른쪽 위에도 표시된다. 어떤 셀에 커서가 있는 상태에서 연필 모양이 있으면 편집 모드를 가리키고, 없으면 명령 모드 상태에 있다는 것을 의미한다.

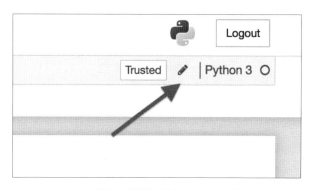

모드 상태 표시(연필이 있으면 편집 모드)

노트북을 효율적으로 쓰려면 이 모드를 자유자재로 활용할 수 있게 충분히 연습하는 것이 좋다.

편집 모드는 당연히 셀에 코드나 텍스트를 입력하기 위한 것이다.

명령 모드는 셀과 연관된 어떤 명령을 사용할 수 있는 상태라는 의미다. 명령은 키보드를 사용해 입력한다. 예를 들어 명령 모드에 있을 때 키보드로 **A**를 입력하면 현재 셀의 위above에 셀이 추가되고, **B**를 입력하면 아래below에 셀이 추가된다. 코드 셀 위의 명령 모드에서 **M**을 입력하면 마크다운 셀로 바뀐다. 마크다운 셀의 명령 모드에서 **Y**를 입력하면 코드 셀로 바뀐다(**C**가 아니다). **C**를 입력하면 해당 셀이 복사되고, 다른 곳으로 이동한 다음 **V**를 입력하면 복사된 셀이 붙여진다. **D**를 입력하면 해당 셀이 삭제된다. 셀 삭제와 같은 명령을 실행했다면, **Z**를 입력할 경우 Undo로 다시 복원된다.

명령 모드에서 **Shift** 키를 누르고 있는 상태에서 인근 셀들을 클릭하면 복수의 셀들을 선택할 수 있다. 그런 다음 위의 명령들을 사용할 수 있다. 예를 들어 **D**를 입력해 삭제할 수도 있다.

물론 이런 작업들을 메뉴, 메뉴바를 사용해 실행할 수도 있지만, 이런 명령 모드를 사용하면 더 빠르게 일을 진행시킬 수 있다.

주피터 노트북에서 이런 자동화가 잘되지 않은 부분은 셀의 이동과 나누기 작업이다. 이런 경우에는 메뉴와 툴바를 적극적으로 활용한다.[1]

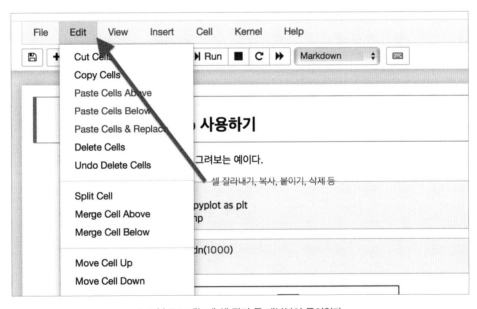

노트북 Edit 메뉴에 셀 관리 툴 대부분이 들어있다.

---

1   주피터랩에서는 드래그 앤 드롭으로 가능하다.

ipython 커널에서 유래한 기능

IPython은 주피터 노트북의 디폴트 파이썬 커널이다. ipython 커널을 사용한다는 의미는 곧 코드 셀에서 ipython 커널의 기능인 라인 매직(%), 셀 매직(%%) 명령을 모두 사용할 수 있고 !으로 시스템 명령도 사용 가능하는 것을 의미한다.

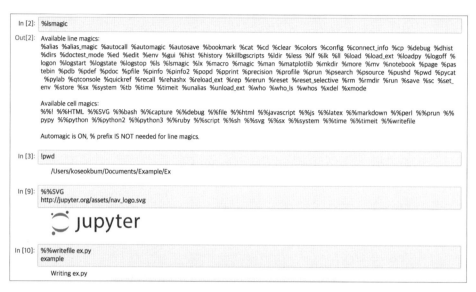

매직 명령을 그대로 주피터 노트북에서 사용 가능하다.

여기서 잘 알아둘 내용은 이런 기능들을 주피터 노트북에서 제공하기 때문이 아니라, ipython 커널을 사용하기 때문에 가능하다는 점이다. 따라서 주피터 노트북에서 다른 커널을 사용할 때는 그런 매직 명령을 사용할 수 없다.

리치 아웃풋: ipython 디스플레이 시스템

주피터 노트북에 이미지, 동영상, SVG 이미지 등과 같은 특수한 콘텐츠를 추가할 때는 IPython.display라는 모듈을 사용한다. 이 모듈 안에는 콘텐츠에 대응하는 클래스가 준비돼 있으며, 이것들을 실제 노트북에서 출력하게 해주는 display 함수가 있다. 그래서 보통 다음과 같은 형태로 모듈을 임포트한다.

```
from IPython.display import display, Image, SVG, YouTubeVideo
```

이 파이썬 문장은 IPython.display라는 모듈에서 display(함수), Image, SVG, YouTubeVideo 클래스 함수를 임포트한다.

따라서 보통 Image, SVG, YouTubeVideo 함수로 해당 클래스에 대한 객체를 만든 다음, 이 객체를 display() 함수를 사용해 출력한다.

```
from IPython.display import display, Image, SVG, YouTubeVideo

my_image = Image("https://www.python.org/static/img/python-logo@2x.png")
display(my_image)
```

Image() 클래스 객체를 코드 셀의 마지막에 넣어서 실행해도 바로 출력된다.

```
from IPython.display import display, Image, SVG, YouTubeVideo
Image("https://www.python.org/static/img/python-logo@2x.png")
```

변수에 할당하는 방법을 쓰면, 나중에 필요한 곳에서 출력하거나 여러 번 반복해서 출력할 수 있는 장점이 있다.

대표적인 콘텐츠별로 출력을 조절하는 방법을 알아보자.

이미지 출력

이미지를 출력할 때는 IPython.dispaly.Image() 함수를 사용한다. 노트북에 완전히 임베딩하는 방법과 그렇지 않은 경우가 있다.

- **직접 임베딩**: url 키워드를 사용하지 않고 URL을 지정하거나 embed=True를 사용한다.
- **URL로 렌더링**: url 키워드를 사용하거나 embed=False라는 키워드를 사용한다.

다음은 그 사용 예다.

```
from IPython.display import Image
Image("https://www.python.org/static/img/python-logo@2x.png") # embed =
True
Image(url = "https://www.python.org/static/img/python-logo@2x.png") # embed
= False
```

이 경우는 웹에 있는 그림을 가져오기 위해 URL 값을 사용했다. 로컬 컴퓨터에 있는 파일을 가져오는 경우에는 그 경로를 문자열로 입력하면 된다. 노트북에 이미지를 직접 임베딩할 수도 있고, URL만 갖고 웹 페이지가 렌더링될 때 이미지가 표시되게 할 수도 있다.

그림으로 보면 다음과 같다.

이미지 삽입

SVG 출력

스케일러블 벡터 그래픽SVG, Scalable Vector Graphics을 추가할 때는 SVG() 함수를 사용한다.

```
SVG("http://jupyter.org/assets/nav_logo.svg")
```

결과를 보면 다음과 같다.

SVG 출력

실제 노트북에서 사용한다면 다음과 같이 할 것이다.

display() 함수 사용

이제 SVG를 변수에 할당하고 나서 필요한 경우에 출력하게 한다.

먼저 이미지를 가지고 와서 변수에 할당한다.

In [16]: `k = SVG("http://jupyter.org/assets/nav_logo.svg")`

이제 `display()` 함수로 출력한다.

In [18]:
```
from IPython.display import display
display(k)
```

display 함수를 사용해 변수에 저장된 콘텐츠를 출력한다.

유튜브 동영상

이와 같은 콘텐츠는 이미지에 그치지 않으며, 동영상도 넣을 수 있다. 유튜브 동영상을 넣기 위해서는 YouTuboeVideo() 함수를 사용한다. 이 코드에서도 동영상을 바로 디스플레이하지 않고, 변수로 할당했다가 display() 함수를 사용해 동영상이 표시되게 했다.

```python
from IPython.display import display,YouTubeVideo

my_video = YouTubeVideo("sla_vxu-jDk")

display(my_video)
```

실제 주피터 노트북에서 작업한다면 다음과 같을 것이다.

유튜브 동영상 넣기

수식 입력

주피터 노트북은 마크다운 셀을 사용해 수식을 넣은 수 있는 훌륭한 기능을 제공한다. 주피터 노트북이 웹 브라우저에서 실행되기 때문에 브라우저에서 수식을 넣는 데 가장 많이 사용되는 매스잭스[2]를 내부적으로 활용한다. 이런 매스잭스는 레이텍의 수식을 웹 언어로 변환하는 툴인데, 이것으로 레이텍으로 작성된 수식을 깔끔하게 웹 콘텐츠로 변환시킨다.

이런 수식은 텍스트이므로 마크다운 셀에 입력한다. 입력은 레이텍에서 쓰는 수식 작성법을 그대로 사용할 수도 있다. 다음과 같은 수식을 마크다운 셀에 넣고 렌더링하면 수식이 된다.

첫 번째 수식이다. 이 방법은 레이텍의 equation 환경을 사용했다.

```
\begin{equation*}
\mathbf{V}_1 \times \mathbf{V}_2 =  \begin{vmatrix}
\mathbf{i} & \mathbf{j} & \mathbf{k} \\
\frac{\partial X}{\partial u} &  \frac{\partial Y}{\partial u} & 0 \\
\frac{\partial X}{\partial v} &  \frac{\partial Y}{\partial v} & 0
\end{vmatrix}
\end{equation*}
```

두 번째 수식은 $$...$$를 사용해 블록 수식을 사용했다.

```
$$
\begin{array}{c}
y_1 \\\
y_2 \mathtt{t}_i \\\
z_{3,4}
\end{array}
$$
```

---

2 https://www.mathjax.org

```
\begin{equation*}
\mathbf{V}_1 \times \mathbf{V}_2 =  \begin{vmatrix}
\mathbf{i} & \mathbf{j} & \mathbf{k} \\
\frac{\partial X}{\partial u} &  \frac{\partial Y}{\partial u} & 0 \\
\frac{\partial X}{\partial v} &  \frac{\partial Y}{\partial v} & 0
\end{vmatrix}
\end{equation*}
```

$$
\mathbf{V}_1 \times \mathbf{V}_2 = \begin{vmatrix}
\mathbf{i} & \mathbf{j} & \mathbf{k} \\
\frac{\partial X}{\partial u} & \frac{\partial Y}{\partial u} & 0 \\
\frac{\partial X}{\partial v} & \frac{\partial Y}{\partial v} & 0
\end{vmatrix}
$$

```
$$
\begin{array}{c}
y_1 \\
y_2 \mathtt{t}_i \\
z_{3,4}
\end{array}
$$
```

$$
\begin{array}{c}
y_1 \\
y_2 \mathtt{t}_i \\
z_{3,4}
\end{array}
$$

수식 넣기

수식은 텍스트와 같이 쓰일 수도 있는데, 그런 경우를 인라인 수식이라 부르고 $...$ 안에 넣어서 표현한다.

```
x를 y로 나눈다. $\frac{x}{y}$는....
```

마크다운을 이용한 이미지 삽입

앞에서 IPython.display.Image 함수를 사용해 이미지를 넣는 방법을 설명했다. 마크다운 문법 자체를 사용해서 이미지를 넣을 수도 있으며, 마크다운으로 이미지를 넣는 방법은 다음 문법을 따른다. 이 문법에서 자주 실수하는 부분이 이미지 경로를 따옴표 안에 두는 것이란 점을 알아두고, 따옴표 없이 그대로 사용한다. AltText는 이미지를 찾지 못할 때 브라우저에 표시하는 문자다.

```
![AltText](ImagePath)
```

이렇게 사용하는 것이 다소 무거울 수 있어서 주피터 노트북/주피터랩에서는 마크다운 셀에 이미지를 드래그 앤 드롭으로 가져다 놓을 수 있도록 만들었다. 주의할 부분은 가져다 놓을 셀을 마크다운 셀로 만들고 시작해야 한다는 점이다.

주피터 노트북에서는 메뉴로도 만들어놓았다. **Edit** 메뉴의 서브 메뉴인 **Insert Image**를 사용하면 된다. 이것 역시도 마크다운 셀에서 작동하는 것이므로 마크다운 셀에 있을 때 이 메뉴가 활성화되며, 코드 셀에서는 작동하지 않는다. 메뉴를 클릭해 안내하는 대로 이미지 파일을 선택하면 된다.

마크다운을 사용해 이미지 삽입하기

⁂ 노트북 대시보드, 주피터 노트북 파일 관리

새로운 주피터 노트북 작업은 노트북 대시보드에서 시작된다. 대시보드 상단에는 **Files**, **Running**, **Clusters**라는 탭이 있다. **Running** 탭에는 현재 열려 있는 노트북이 있을 때 해당되는 노트북 파일을 열거하고, **Clusters**는 병렬 처리와 관련된 정보를 보여준다. 가장 많이 쓰는 탭은 **Files**이다.

노트북 대시보드 탭

1. 커널을 선택하는 방법이다. **Files** 탭이 선택된 상태에서 오른쪽에 있는 **New** 버튼을 클릭하자.

대시보드 오른쪽의 New 버튼을 클릭해서 시작한다.

대시보드의 오른쪽을 클릭하면 드롭다운 메뉴가 열리는데, 윗부분(Notebook:)은 사용할 수 있는 커널들의 리스트를 보여준다. 여기서 어떤 것을 선택하게 되면, 선택된 커널을 사용하는 노트북 파일이 현재 디렉터리에 생성된다.

2. 드롭다운 메뉴 아래를 잘 보면 텍스트 파일 작업, 폴더 생성, 터미널 작업도 할 수 있다는 것을 알 수 있다.

3. 그리고 시선을 왼쪽으로 돌려보자. 관심이 가는 파일을 선택하거나 폴더를 선택하게 되면, 그에 따라 파일의 삭제, 이동, 복사 등과 관련된 메뉴들이 나타나고 폴더의 이동, 삭제를 할 수 있는 메뉴들이 나타난다. 실행되고 있는 노트북 파일을 선택하면 **Shutdown**이라는 버튼이 보인다. 이 기능들을 연습해보길 바란다.

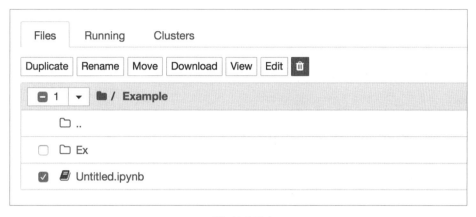

파일, 폴더 관리

4. 편집하던 노트북을 빠져나가도 해당 노트북이 셧다운되지는 않는다. 그래도 러닝
   running하는 상태를 유지하고 이것들이 **Running** 탭에서 보이게 된다. 실제로 셧다운
   하려면 위 그림에서 보듯이 **Running** 탭에서 **Shutdown** 버튼을 클릭한다.

주피터 노트북 파일과 활용

주피터 노트북 파일은 .ipynb라는 확장자를 사용한다. 이 파일은 텍스트 파일인데, 그
안을 들여다보면 제이슨JSON 형태로 돼 있다.

이 파일은 텍스트 파일로, 일반 텍스트 에디터로 열어보는 것은 아무 문제가 없다. 파일
을 열면 JSON 포맷으로 돼 있다는 것을 금방 알 수 있다. 그래서 실제로 .ipynb를 일반
에디터에서 열어 편집하는 것은 사실상 어렵지만, jupytext[3]와 같은 툴을 사용하면 가능
할 수도 있다.

파이썬 데이터 과학자들은 이 노트북 파일을 사용해 내용을 공유한다. 이메일에 첨부해
보내고, 깃허브에 올린다. 깃허브는 노트북 파일을 렌더링해 보여주는 서비스를 제공한
다. 깃허브는 원래 플레인 텍스트를 보관하고 공유하는 곳이지만, 노트북 파일인 경우

---

3   https://github.com/mwouts/jupytext

에는 렌더링해 사용할 수 있게 해주는 곳이다.

주피터 노트북 파일은 여러 가지 포맷으로 변환할 수 있다. 가장 간단한 방법은 다음 그림과 같이 **File → Download as** 메뉴를 사용하는 것이다. 이는 주피터에 들어있는 nbconvert라는 툴이 제공하는 기능이다.[4]

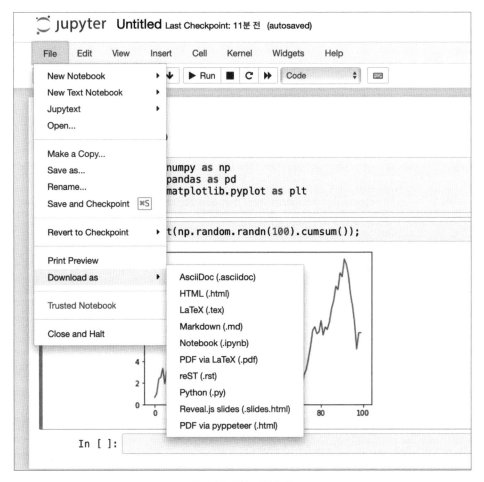

주피터 노트북 파일 변환

---

4   https://nbconvert.readthedocs.io/en/latest/install.html#을 참고한다.

레이텍을 아는 독자라면 레이텍을 사용해 PDF 문서로 변환할 수도 있다. 한글이 들어간 문서를 렌더링하기 위해서는 nbconvert가 내부에서 사용하는 템플릿을 조절해야 한다. 이 부분까지 다루려면 더 깊이 들어가야 한다. 웹 등에서 관련 내용을 찾을 수 있을 것이다.

주피터 노트북의 기능 확장

주피터 노트북도 확장 기능이 있는데, 이것을 nbextensions라고 한다. 또한 주피터랩에도 확장 기능이 있는데, 그것은 labextensions라고 한다.

이런 확장 기능은 주피터 프로젝트 팀이 아닌 일반 유저들이 만들고 배포하는 것이 일반적이다. 그리고 주피터 앱 자체가 웹 브라우저에서 움직이는 앱이고, 여기에 호응하기 위해 보통 자바스크립트 언어로 이런 확장 기능을 개발하게 된다.

주피터 노트북의 확장 기능 툴로 가장 유명한 것이 jupyter_contrib_nbextensions이다.[5] 이 패키지는 커뮤니티에서 개발된 주피터 확장 기능을 모아놓은 종합 패키지다. 사용법에 대한 설명은 https://jupyter-contrib-nbextensions.readthedocs.io/en/latest/에서 확인할 수 있다.

R 커널 추가하기

주피터는 사용하는 컴퓨터 프로그래밍 언어에 상관없이 사용할 수 있다. '주피터[Jupyter]'라는 용어 자체가 Julia, Python, R을 조합해 만든 것이다. 주피터는 커널이라는 개념을 사용해 이를 지원한다.

주피터를 설치했을 때, 주피터에 포함돼 디폴트로 사용되는 파이썬 커널은 ipython [IPython]이다. 앞에서 이 ipython을 독립적으로 사용할 수도 있다는 것은 이미 설명했다.

---

5   https://github.com/Calysto/notebook-extensions라는 저장소도 있다.

여기서는 파이썬 언어와 함께 데이터 과학의 핵심 언어로 꼽히는 R 언어에 대한 커널을
어떻게 사용하는지 알아본다.

주피터 노트북에 R 언어에 대한 커널 추가하기

R 커널을 설치하려면 명령 프롬프트에서 R을 실행하고, 여기서 관련 패키지를 설치한
다. 자세한 내용은 패키지 설명 사이트[6]에서 확인할 수 있다.

```
$ R
```

이렇게 R을 실행시키고 나서, R 콘솔에서 다음 명령을 실행한다. 사용하는 방법은 일반
R 패키지와 똑같다. 설치/로딩/사용이다.

```
install.packages("IRkernel")
library(IRkernel)
installspec()
```

이렇게 설치하고 나면, 주피터 노트북을 실행했을 때 대시보드 화면의 **New**를 클릭하면
'R'이 보인다. 이것을 선택하면, R 언어에 대한 커널을 사용하는 노트북이 새로 생성
된다.

⁝⁝⁞ 주피터랩

주피터랩^{JupyterLab}은 주피터 노트북보다 보통의 통합 개발 환경에 더 가까운 사용자 인
터페이스를 갖고 있는데, 핵심적인 사용법은 주피터 노트북과 같다.

---

6   https://irkernel.github.io/installation/

주피터랩의 설치와 실행

다음 과정으로 주피터랩을 설치한다.

1. 명령줄로 들어가서 가상 환경을 활성화한다.

2. 다음 conda install -c conda-forge jupyterlab을 실행한다.

```
$ conda install -c conda-forge jupyterlab
```

3. 설치가 완료되면 작업 디렉터리로 이동한다.

4. 작업 디렉터리에서 jupyter lab 명령으로 시작한다(jupyter-lab이라고 해도 된다).

```
$ jupyter lab
```

이렇게 해서 정상적으로 진행되면, 디폴트로 설정된 브라우저의 http://localhost:8888/lab 주소에서 다음과 같은 화면으로 주피터랩이 실행된다. 이것을 주피터랩의 론처 Launcher라고 부른다.

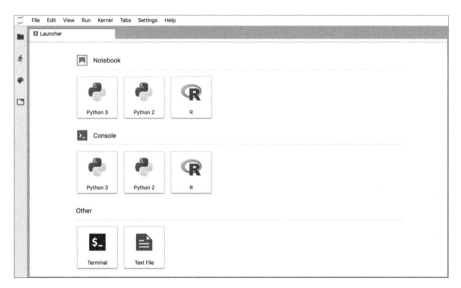

주피터 론처

론처 화면은 크게 세 개로 나뉘어져 있다.

- **노트북**Notebook: 노트북 작업을 위한 커널

- **콘솔**Console

- **기타**Other: 터미널과 텍스트 에디터

파이썬 커널을 선택하면 새로운 주피터 노트북이 열린다.

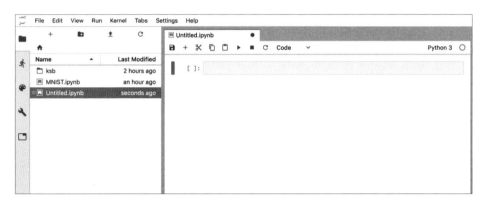

주피터랩에 새로운 노트북이 열린 모습

오른쪽의 노트북 편집 영역은 주피터 노트북과 거의 같다. 주피터랩은 주피터 노트북 파일인 .ipynb 파일을 그대로 사용한다. 그리고 주피터 노트북에서 쓰던 셀 편집 방법을 그대로 사용할 수 있다.

노트북 작업

주피터랩은 주피터 노트북의 장점을 살리면서, 주피터 노트북이 갖지 못한 많은 이점을 제공한다. 또한 주피터랩이 전통적인 통합 개발 환경의 기능을 갖추면서도 데이터 분석에 최적인 노트북의 기능을 그대로 보존할 수 있도록 노력한 흔적도 엿보인다.

전통적인 주피터 노트북과 함께 사용

주피터랩은 주피터 노트북 파일 포맷(.ipynb)을 그대로 사용한다. 주피터랩 역시 파이썬은 거의 ipython 커널을 통해 사용되기 때문에 ipython의 기능을 그대로 사용할 수 있다.

주피터랩은 주피터 노트북을 확장한 것으로, 기존 주피터 노트북 인터페이스도 함께 사용할 수 있다. 주피터랩의 **Help → Launch Classic Notebook** 메뉴를 선택하면 전통적인 주피터 노트북 화면으로 바뀐다.

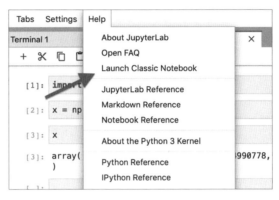

전통적인 주피터 노트북 사용

웹 브라우저 주소창에서 주소를 바꾸는 방법으로도 이런 작업이 가능하다.

- **주피터랩**: http://localhost:8888/lab

- **전통적인 주피터 노트북**: http://localhost:8888/tree

즉, 주피터랩은 끝이 /lab으로 돼 있는데, 이것을 /tree로 바꾸면 된다.

강화된 셀 맥락 메뉴

주피터랩의 셀 맥락 메뉴는 셀 위에서 오른쪽 마우스 버튼을 클릭하면 열린다.

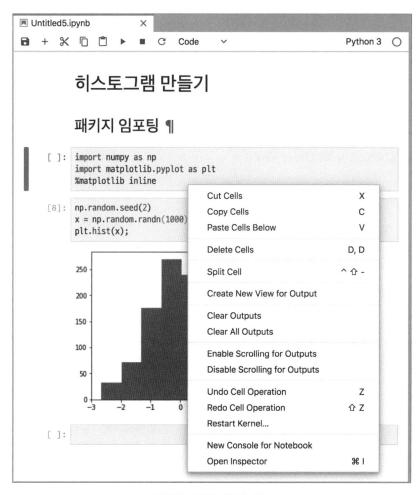

셀 관련 다양한 작업이 가능

이 메뉴를 사용해 셀 잘라내기, 복사, 붙이기, 삭제하기, 나누기 등 다양한 일을 할 수 있다.

셀 드래그 앤 드롭

셀을 드래그해 셀을 이동시킬 수 있다. 이 기능은 같은 노트북 안에서뿐만 아니라, 다른 노트북 파일로도 가능하다.

다음 그림과 같이 셀 앞에 마우스를 두면 커서 모양이 바뀐다. 이 상태일 때는 노트북 안에서 이동시키거나 다른 노트북으로 이동시킬 수 있다.

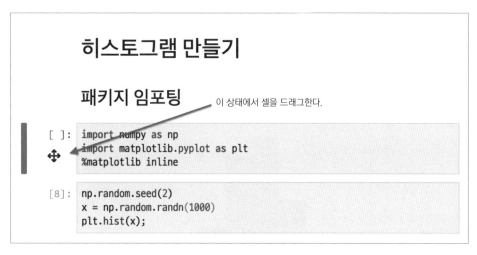

드래그해 셀 이동하기

코드 행 번호 보기

View 메뉴를 보면 Show Line Numbers 메뉴가 있는데, 이 메뉴를 통해 코드의 행 번호 출력을 조절할 수 있다.

셀 접기/펼치기

현재 집중하는 코드가 아닌 경우 잠시 접어둘 수 있다. 코드 주변에서 마우스를 클릭하면, 아래 그림과 같이 앞에 파란색 바가 생긴다. 이것을 클릭하면 크기가 줄면서 해당 셀이 보이지 않게 되고, 다시 클릭하면 보이게 된다. View 메뉴에도 이 기능이 있다.

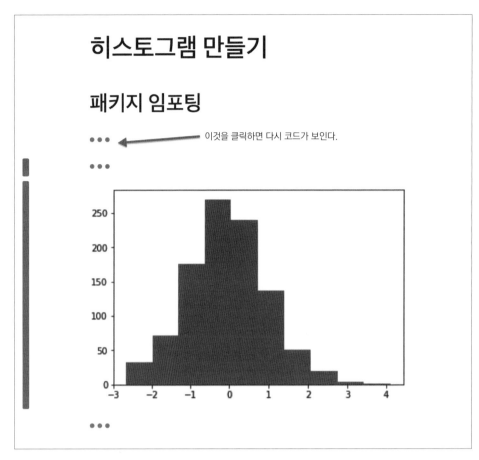

코드를 접고 펼치는 기능

셀 관련 작업 되돌리기

셀을 삭제하거나 이동하는 등의 일을 다시 되돌리고 싶은 경우에는 마우스 오른쪽 버튼을 클릭해서 **Undo Cell Operation**을 선택한다.

편리한 도움말 보기

이전보다 도움말 보기가 훨씬 더 편리해졌다. 코드에서 알고자 하는 것에 커서를 두고 **Shift** + **TAB** 키를 누르면 관련된 정보가 새로운 창에 열린다.

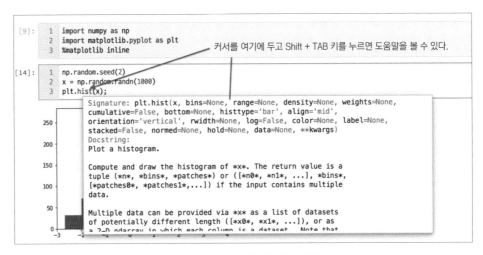

커서를 여기에 두고 Shift + TAB 키를 누르면 도움말을 볼 수 있다.

Shift + TAB 키로 도움말을 볼 수 있다.

변수 조사

다음은 변수 조사 기능이다. 이 기능은 창을 두 개 나란히 배치해놓고 사용하는 것이 일반적이다. 먼저 마우스 오른쪽 버튼을 클릭한 후 **Open Inspector**를 선택해서 **Inspector** 창이 열리게 한다. 이 창을 오른쪽 패널로 드래그해서 뺀다.

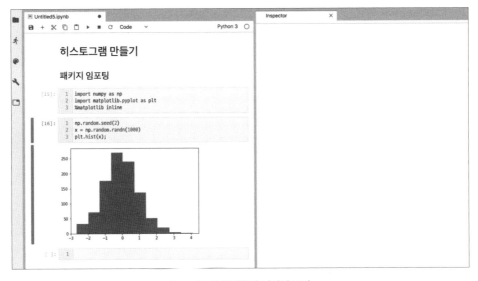

Inspector를 작업창과 나란히 둔다.

주피터랩의 새로운 셀에서 변수 이름을 입력하는 순간 해당 변수에 대한 자세한 내용이 오른쪽에 표시된다.

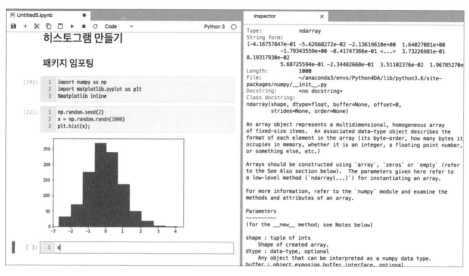

새로 입력되는 객체에 대한 조사가 가능하다.

출력물에 대한 스크롤

그리고 결과물의 내용이 아주 길게 나오는 경우에는 브라우저를 아래로 끌어 내리는 것도 아주 힘든 일이 된다. 그런 경우에는 아래 그림과 같이 마우스 오른쪽 버튼의 기능을 사용해 출력에 대한 스크롤을 만든다.

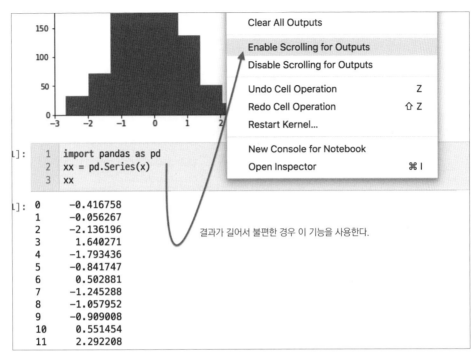

결과가 길어서 불편한 경우 이 기능을 사용한다.

결과가 긴 경우 이 스크롤 기능 사용

새로운 창에서 코드 실행 결과 표시

주피터랩에서는 출력물을 새로운 창으로 연 다음 작업할 수 있다. 이 기능은 작업을 진행하면서 반복해 들여다봐야 할 내용이 있는 경우 편리하다.

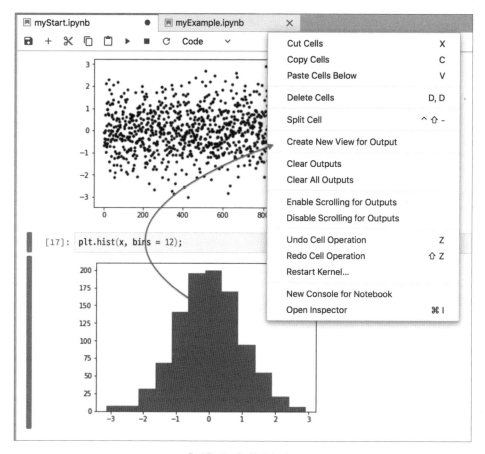

출력을 새로운 창에서 열기

노트북 파일에 대응하는 콘솔

이 기능은 마우스 오른쪽 버튼을 클릭한 후 **New Console for Notebook**을 클릭해 시작한다. 아래 그림은 왼쪽의 코드를 모두 실행하고 나서 오른쪽에서 %who 매직 명령을 실행한 상태다. 왼쪽 콘솔에 있는 객체들이 오른쪽에 보인다.

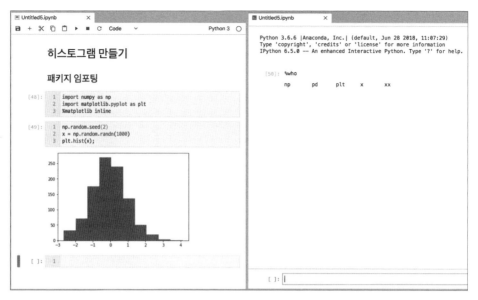

노트북에 대한 새로운 콘솔 사용하기

복수의 파일을 열어서 작업

전통적인 주피터 노트북은 단일 노트북 모드로 움직인다. 주피터랩에서 이것은 'Single-Document Mode'(View 메뉴)라고 하는 특수한 경우에 해당된다. 주피터랩은 기본적으로 복수의 노트북을 함께 열어서 작업할 수 있다.

노트북 파일만 함께 열 수 있는 것이 아니라 하나의 화면에서 콘솔, 스크립트 파일, 터미널 등과 함께 사용할 수 있다.

이런 작업 환경에 맞추기 위해 주피터랩은 아주 유연한 탭, 레이아웃이 가능하고, 또 그런 구성을 위해 직관적인 드래그 앤 드롭 기능을 제공한다.

유연한 레이아웃으로 배치

주피터랩의 오른쪽을 주작업 영역이라고 한다. 여기서 가장 눈에 띄는 것은 여러 파일을 열어볼 수 있는 탭과 패널 기능이다. 아래 그림과 같이 자유자재로 드래그 기능을 사용해 작업창을 구성할 수 있다.

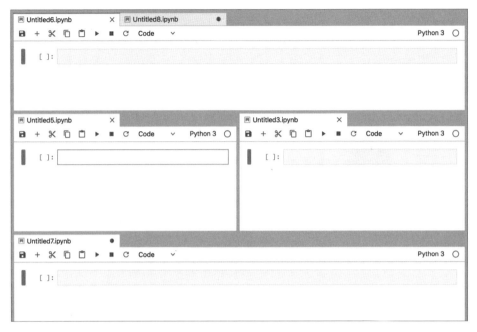

탭과 패널로 여러 파일을 유연하게 배치한다.

배치하는 방법은 약간의 연습이 필요하다. 작업창 상단에 있는 파일 이름이 있는 탭을 드래그해보자. 드래그하다 보면 주작업 영역의 왼쪽, 오른쪽 벽, 어떤 파일의 위쪽, 아래쪽으로 이동할 때 파란색 상자가 보인다. 원하는 모양일 때 누르고 있던 마우스 버튼을 놓는다.

노트북 간의 셀의 이동

두 개의 노트북을 열고, 한쪽 노트북의 셀을 드래그 앤 드롭을 사용해 다른 노트북으로 옮길 수도 있다.

파일 관리

파일 관리는 사이드바에 있는 파일 브라우저^{File Browser}로 할 수 있다.

파일을 선택하고 오른쪽 마우스 버튼을 클릭하면, 다음 그림과 같이 삭제, 이름 변경, 복사, 다운로드, 경로 복사 등과 같은 다양한 일을 할 수 있는 맥락 메뉴가 열린다.

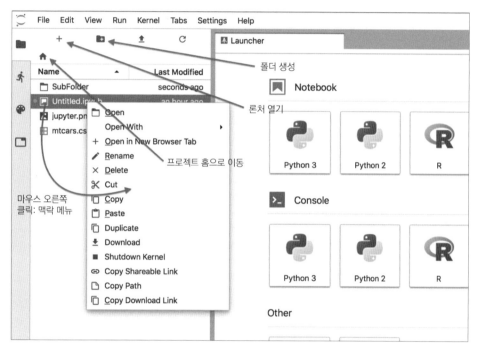

주피터랩 파일 관리

파일을 사용할 때는 파일을 더블 클릭하거나, 마우스를 사용해 오른쪽 주작업 영역으로 드래그한다.

론처

주피터랩의 사용은 론처에서 시작한다. 주피터랩의 메뉴에서 **File → New Launcher**를 선택한다.

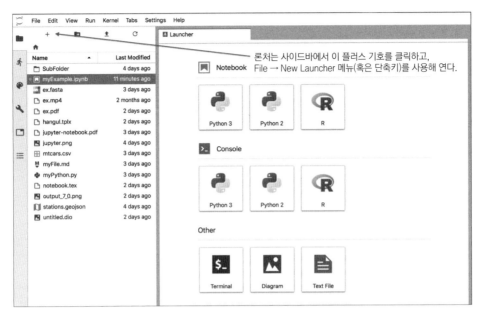

주피터랩 론처 열기

론처는 하려고 하는 일의 종류에 따라 크게 **Notebook**, **Console**, **Other**로 나뉘어져 있다.

- **Notebook**인 경우는 커널을 선택하고 새로운 노트북 파일을 연다.

- **Console**은 말 그대로 해당 커널을 사용하는 콘솔을 실행한다.

- **Other**

  - **Terminal**을 실행하면, 현재의 작업 디렉터리에 대해 유닉스 셸이 열린다. 유닉스 계열에서는 배시^{Bash} 셸이, 윈도우에서는 파워셸^{PowerShell}이 열린다.

  - **Text File**은 텍스트 파일을 편집한다.

이제 론처 화면의 **Notebook** 섹션에서 **Python 3** 카드를 클릭하면, 주 작업 영역에 새로운 노트북이 열린다.

노트북 파일 작업 화면

노트북 편집 화면의 상단에는 전통적인 주피터 노트북과 유사한 메뉴들이 마련돼 있다. 마우스를 해당 탭 위에 올려놓고 있으면 간단한 텍스트로 어떤 일을 할 수 있는지 표시해준다.

노트북 사용과 연관된 툴바

파일 이름이 있는 탭 제목에 마우스를 올려 놓고 있으면 파일에 대한 정보를 표시해준다.

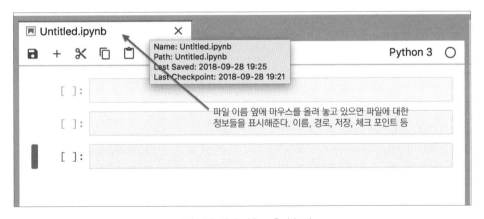

파일 이름 옆에 마우스 올려 놓기

탭 제목에서 오른쪽 마우스 버튼을 클릭하면 다음과 같은 일을 할 수 있다.

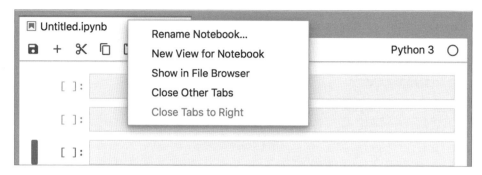

파일 이름 옆에서 오른쪽 마우스 버튼을 클릭한다.

파일 이름을 바꾸려면 **Rename Notebook···**을 선택한다.

New View for Notebook은 같은 파일을 다른 패널에 연다.

노트북 파일을 별도의 패널에서 연다.

Show in File Browser를 선택하면, 왼쪽 사이드바 파일 브라우저에서 현재 파일을 표시해준다. 이는 이 파일을 갖고 뭔가 할 때 꽤 편리하게 사용된다. **Close Other Tabs**는 다른 탭에서 열린 파일들을 모두 닫는다.

다양한 콘텐츠 뷰어

주피터랩으로 다양한 콘텐츠를 열어서 볼 수 있다. 데이터, 이미지, PDF, 제이슨 파일 등을 열어볼 수 있다.

강력한 CSV 파일 데이터 보기/편집하기

CSV^{Comma Separated Values} 파일 포맷은 흔히 쓰이는 데이터 저장 파일 포맷이다. 엑셀에서도 CSV 파일로 저장할 수 있고, 다시 읽을 수도 있다. 주피터랩은 CSV 포맷으로 저장된 데이터를 표로 보여주는 아주 강력한 기능을 갖고 있다. 대략 1조 개의 행으로 된 데이터도 읽을 수 있다고 한다. 여는 속도도 엑셀보다 빠르다.

주피터랩에서는 두 가지 방법으로 CSV 파일을 읽을 수 있다. 디폴트는 **CSVTable** 형태로 읽는 것으로, CSV 파일을 탭에서 더블 클릭해 사용한다.

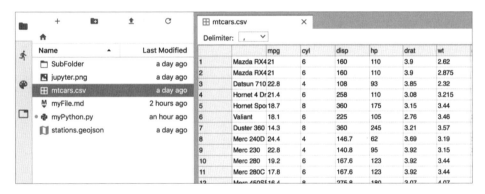

CSV 파일 보기

이 방법은 데이터를 볼 때 사용하고, 편집하고 싶은 경우에는 CSV Editor를 열어 사용한다.

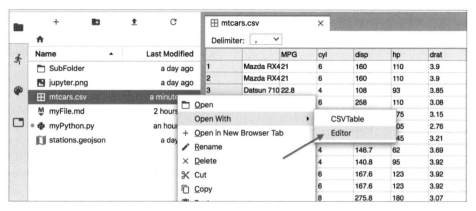

CSV 데이터 편집 기능

편집창은 보기 창과 나란히 두고서 작업하는 경우가 많으며, 편집창에서 값을 수정하면 보기 창에서 바뀐 내용이 바로 반영된다.

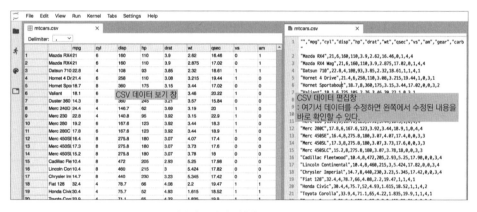

편집하고 바뀐 내용을 바로 본다.

이미지, PDF 뷰어

주피터랩에서는 다채로운 콘텐츠를 열어보는 기능이 강화돼 있다. 그래서 이미지도 간단히 열린다. 이미지를 열고 나서 플러스(+) 키나 마이너스(-) 키를 눌러 크기도 조절할 수 있다.

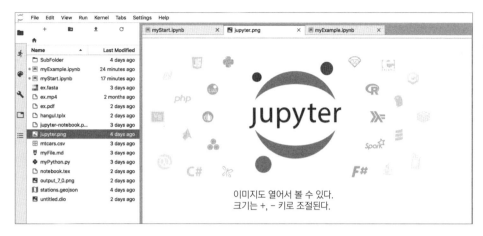

이미지 뷰어 기능

PDF 문서도 열 수 있다. 하지만 이 기능은 아직 최적화되지 않아서 시간이 좀 걸린다.

웹 페이지 보기

주피터랩의 **Help** 메뉴를 클릭하면 데이터 과학에서 사용되는 툴들에 대한 레퍼런스 문서들을 쉽게 읽을 수 있다. 따라서 학습할 때 매우 편리하다.

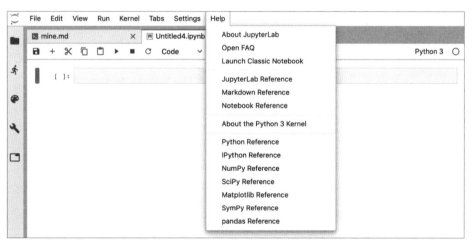

파이썬 데이터 툴들에 대한 레퍼런스 읽기

사용자 커스터마이징

전통적인 주피터 노트북보다 많이 향상된 부분 중 하나는 사용자 커스터마이징을 쉽게 할 수 있다는 점이다. 먼저 주피터랩의 테마를 바꿔보자. 메뉴에서 **Settings**를 선택한다. 밝은 테마와 어두운 테마를 선택할 수 있다.

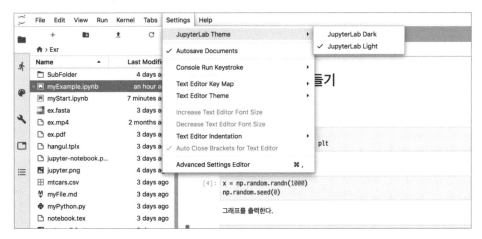

주피터랩의 테마 변경

앞에서 확장 기능 관리자를 사용 가능 상태로 만들 때 주피터랩 고급 설정창을 살펴봤다.

고급 설정창

사용하는 방법은 다음과 같다. 왼쪽에 디폴트로 설정된 모양을 보고, 같은 모양으로 그대로 입력하되 그 값만 바꾸면 된다. 예를 들어 나는 다음과 같이 설정해 사용한다.

노트북 사용과 관련해서는 다음과 같은 설정을 사용한다.

```json
{
    "codeCellConfig": {
        "fontFamily": "D2Coding",
        "fontSize": 14
    },
    "markdownCellConfig": {
        "autoClosingBrackets": true,
        "fontFamily": "NanumGothic"
    }
}
```

텍스트 에디터인 경우 다음과 같은 설정을 사용한다.

```json
{
    "editorConfig": {
      "fontFamily": "D2Coding",
      "fontSize": 13,
      "lineHeight": 1.5,
      "lineNumbers": true,
      "lineWrap": "on",
      "wordWrapColumn": 80,
      "readOnly": false,
      "tabSize": 4,
      "insertSpaces": true,
      "matchBrackets": true,
      "autoClosingBrackets": true
    }
}
```

⁑ 광대한 주피터 에코시스템

이 부록에서는 주피터 노트북/주피터랩을 바로 사용하는 데 필요한 내용들만 간략히 설명했다. 주피터는 여기서 설명한 것 이상의 풍부한 내용을 갖고 있으며, 더 자세한 내용은 아래의 주피터 문서 페이지[7]에서 확인하길 바란다.

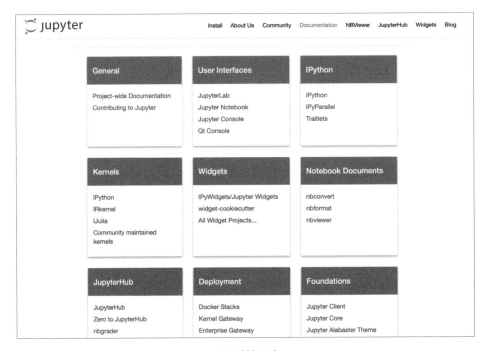

CSV 파일 보기

⁑ Visual Studio Code 텍스트 편집기와 주피터 노트북

Visual Studio Code(줄여서 VS Code[8])는 마이크로소프트가 개발한 오픈소스 코드 에디터로, 최근 소프트웨어 개발자와 데이터 과학자들 사이에서 인기가 치솟고 있다.

---

7   https://jupyter.org/documentation

8   https://code.visualstudio.com

텍스트 에디터는 워드프로세서처럼 부가 정보들이 파일에 포함되지 않고 우리가 입력한 것을 플레인plain 상태로 그대로 저장하는 코드 편집기를 말한다. 주피터 노트북/주피터랩도 일종의 텍스트 에디터로 볼 수 있지만, 아무래도 웹 브라우저라는 환경에서 작업하다 보니 불편한 점들이 분명 있다. 또한 데이터 과학을 하기 위해서는 파이썬 코드뿐만 아니라 다양한 언어를 혼합해 사용해야 하는 상황도 발생할 수 있다. 따라서 자기 손에 맞는 좋은 텍스트 에디터를 선택해 잘 활용하는 것이 일의 효율을 높이는 데 중요한 요소가 된다.

VS Code는 초보자는 물론이고 경험 많은 개발자나 분석가까지 모두 사용할 수 있는 훌륭한 도구이며, 더군다나 오픈소스로 누구나 무료로 사용할 수 있다. 또한 확장 기능을 통해 자신의 작업에 맞도록 텍스트 에디터를 커스터마이징할 수 있으며, 윈도우, 맥OS, 리눅스를 모두 지원하므로 다른 텍스트 에디터를 사용하지 않았던 독자들에게는 가장 우선적으로 추천하고 싶은 에디터다.

VS Code에서 파이썬을 사용하는 방법은 'Python in Visual Studio Code'[9]라는 문서에 아주 잘 설명되어 있다.

⠿ 컴퓨테이셔널 노트북

주피터 노트북으로 대표되는 컴퓨테이셔널 노트북computational notebooks은 이제 데이터 과학의 필수 도구가 됐고, 데이터 분석뿐만 아니라 코딩 교육, 인공지능 등에서도 빠지지 않는다. 파이썬 인공지능 책들을 보면, 주피터 노트북과 관련된 내용이 적어도 한 페이지는 차지한다.

나는 모든 책 작업을 R 언어의 R 마크다운R Markdown을 사용해 RStudio라고 하는 환경에서 한다. 파이썬과 관련된 이 책도 RStudio에서 필요한 파이썬 가상 환경을 연결해 작업한다. 텍스트는 마크다운으로 작성하고, 파이썬 코드는 파이썬에 실행돼 그 결과가 자동으로 프로세싱된다. 주피터 노트북으로 글을 쓰는 사람들도 있는데, 아무래도 주피

---

9 https://code.visualstudio.com/docs/languages/python

터 노트북 파일인 .ipynb 파일을 일반 텍스트 에디터에서 열어 작업하기가 사실상 불가능하므로 책과 같이 콘텐츠가 많은 글인 경우 R 노트북이 편리하다. 요즈음에는 R 마크다운이 진화한 콰르토(https://quarto.org)까지 나와서 R과 파이썬을 연결해 작업하는 것이 더욱 쉬워졌다. 이렇듯 노트북은 코드와 그 실행된 결과, 텍스트 등을 하나의 파일에서 작업할 수 있기 때문에 (일반 문서는 물론이고) 기술 문서를 작성하는 데 최적의 환경을 제공한다.

원래 주피터^{Jupyter}는 Julia, Python, R 언어를 하나의 툴을 갖고 연결해 사용할 수 있다는 점에서 그 이름이 유래했다. 이제는 수많은 언어에 대한 커널들이 개발됐고, SoS 노트북[10] 같은 경우는 하나의 화면에서 여러 언어를 동시에 연결해 사용하는 기능도 제공한다. 그뿐만 아니라 캐글 사이트의 캐글 노트북, 구글의 코랩 등 클라우드를 통해 다양한 목적의 노트북들이 존재한다.

이처럼 그 종류는 많지만, 기본은 이 책에서 소개한 주피터 노트북이라고 생각한다. 따라서 데이터 과학을 시작하는 독자들이 주피터 노트북을 잘 익힌다면 앞으로도 큰 도움이 될 것이라고 생각한다. 또한 교육이든 서비스든 좋은 데이터 분석 플랫폼을 만들고자 한다면, 주피터 노트북을 잘 뜯어볼 필요가 있다고 생각한다.

---

10 https://vatlab.github.io/sos-docs/notebook.html

찾아보기

헬스케어 분석을 위한 머신러닝

파이썬, 주피터 노트북, 텐서플로, 케라스를 이용한 적용 사례

발   행 | 2022년 3월 31일

지은이 | 에듀오닉스 러닝 솔루션스
옮긴이 | 고 석 범

펴낸이 | 권 성 준
편집장 | 황 영 주
편   집 | 조 유 나
          김 진 아
디자인 | 윤 서 빈

에이콘출판주식회사
서울특별시 양천구 국회대로 287 (목동)
전화 02-2653-7600, 팩스 02-2653-0433
www.acornpub.co.kr / editor@acornpub.co.kr